Katrin Roßnick

VIVE LA FRANCE

DAS KOCHBUCH ZUR FUSSBALL-EM 2016

Mit Fotos von Andreas Keudel

VERLAG DIE WERKSTATT

Inhalt – nach Spielorten

VORWORT 7

BORDEAUX – Welthauptstadt des Weins 8
Piperade
Baskisches Omelett 12
Poisson à la bordelaise
Fisch nach Bordelais-Art 14
Mousse au chocolat rapide
Schnelle Schokoladencreme 15

LENS – der Ruhrpott Frankreichs 16
Salade pêle-mêle aux pommes de terre et endives
Bunter Kartoffelsalat mit Chicorée 20
Waterzoï de poisson
Flämischer Fischtopf 22
Soupe à la biere
Biersuppe 23

LILLE – Willkommen bei den Sch'tis 24
Carbonnade flamande
Flämisches Bierfleisch 28
Brouillade aux crevettes
Rührei mit Krabben 30
Tarte du Nord aux pommes
Apfeltorte aus der Nordregion 31

LYON – Stadt des Lichts 32
Coq au vin de Bourgogne
Hähnchen in Burgunderwein 36
Gratin dauphinois
Kartoffelgratin 38
Clafoutis aux cerises
Kirschauflauf 39

MARSEILLE – Lavendel trifft Mittelmeer 40
Bouillabaisse
Provenzalische Fischsuppe 44
Ratatouille
Südfranzösisches Gemüseragout 46
Taboulé
Couscous-Salat 47

NIZZA – Frankreichs azurblaue Seite 48
Salade niçoise
Salat mit Oliven und Sardellen aus Nizza 52

Daurade à l'ail
Gegrillte Dorade mit Knoblauch 54
Tarte à la tomate
Tomatenkuchen 55

PARIS – ein Fest fürs Leben 56
Soupe à l'oignon
Zwiebelsuppe 62
Steak au poivre
Pfeffersteak 63
Potage Parmentier
Kartoffel-Lauch-Suppe nach Antoine Parmentier 64
Paris – Brest
Windbeutelringe mit Nougatcreme 66

SAINT-DENIS – Wiege der Gotik 68
Rillettes de thon
Brotaufstrich aus Thunfisch 72
Salade aux champignons
Salat mit Champignons 73
Assortiment de fromages français
Französische Käseplatte 74

SAINT-ÉTIENNE – Tanz auf dem Vulkan 76
Pantranque auvergnate
Käsepfannkuchen aus der Auvergne 80
Salade aux asperges et lentilles
Spargel-Linsen-Salat 81
Savarin aux fraises et Chantilly
Napfkuchen mit Erdbeeren und Sahne 82

TOULOUSE – Leben in Rosarot 84
Cassoulet
Eintopf mit Bohnen 88
Daube aux cèpes
Steinpilztopf 89
Boulettes de picoulat
Katalanische Fleischbällchen 90

AUTOREN 92

INTERNET-ADRESSEN 93

IMPRESSUM 93

ABBILDUNGSNACHWEIS 94

Inhalt – nach Gerichten

(V) – Vegetarisch
(V) – Kann leicht in eine vegetarische Variante
    abgewandelt werden, indem die Fleisch-, Wurst-
    oder Fischzutaten einfach weggelassen werden.

SALAT

Salade aux asperges et lentilles
Spargel-Linsen-Salat (V) 81

Salade aux champignons
Salat mit Champignons (V) 73

Salade niçoise
Salat mit Oliven und Sardellen aus Nizza (V) 52

Salade pêle-mêle aux pommes de terre et endives
Bunter Kartoffelsalat mit Chicorée (V) 20

Taboulé
Couscous-Salat (V) 47

SUPPEN

Potage Parmentier
Kartoffel-Lauch-Suppe nach Antoine Parmentier (V) . . . 64

Soupe à la biere
Biersuppe 23

Soupe à l'oignon
Zwiebelsuppe (V) 62

FISCH

Bouillabaisse
Provenzalische Fischsuppe 44

Daurade à l'ail
Gegrillte Dorade mit Knoblauch 54

Poisson à la bordelaise
Fisch nach Bordelais-Art 14

Waterzoï de poisson
Flämischer Fischtopf 22

FLEISCH

Boulettes de picoulat
Katalanische Fleischbällchen 90

Carbonnade flamande
Flämisches Bierfleisch 28

Cassoulet
Eintopf mit Bohnen 88

Coq au vin de Bourgogne
Huhn in Burgunderwein 36

Steak au poivre
Pfeffersteak 63

GEMÜSE

Daube aux cèpes
Steinpilztopf 89

Gratin dauphinois
Kartoffelgratin (V) 38

Piperade
Baskisches Omelett (V) 12

Ratatouille
Südfranzösisches Gemüseragout (V) 46

KLEINE SPEISEN

Assortiment de fromages français
Französische Käseplatte (V) 74

Brouillade aux crevettes
Rührei mit Krabben 30

Pantranque auvergnate
Käsepfannkuchen aus der Auvergne (V) 80

Rillettes de thon
Brotaufstrich aus Thunfisch 72

Tarte à la tomate
Tomatenkuchen (V) 55

KUCHEN UND DESSERTS

Clafoutis aux cerises
Kirschauflauf (V) 39

Mousse au chocolat rapide
Schnelle Schokoladencreme (V) 15

Paris – Brest
Windbeutelringe mit Nougatcreme (V) 66

Savarin aux fraises et Chantilly
Napfkuchen mit Erdbeeren und Sahne (V) 82

Tarte du Nord aux pommes
Apfeltorte aus der Nordregion (V) 31

Vorwort

ABSEITS von Crêpes und Croissants

Zwei große Fußballturniere hat Frankreich bisher ausgerichtet: die Europameisterschaft 1984 und die Weltmeisterschaft 1998. Beide gewann die Équipe Tricolore im eigenen Land – wird ihr das auch ein drittes Mal gelingen? Vom 10. Juni bis 10. Juli kämpfen 24 europäische Teams in der Endrunde der Fußball-europameisterschaft 2016 um den Coupe Henri-Delaunay, wie der Pokal zu Ehren des französischen Fußballfunktionärs genannt wird, der bereits 1927 die Idee zu diesem Fußballwett-bewerb hatte. Umgesetzt wurde sie allerdings erst 33 Jahre später.

Gespielt wird in Lille und Lens im Norden der Republik, in Paris und Saint-Denis im Herzen des Landes, in Lyon und Saint-Étienne zwischen Alpen und Zentralmassiv, in Bordeaux in der Nähe der Atlantikküste, in Toulouse am Canal du Midi und in Marseille und Nizza an der Côte d'Azur. In Städten also, in denen erfolgreiche Fußballmannschaften zu Hause und die großen WM- und EM-Stadien entstanden sind, die aber auch Gelegenheit bieten, der französischen Geschichte, der franzö-sischen Kultur und dem berühmten *savoir-vivre*, der Kunst zu leben, die die Franzosen so meisterhaft beherrschen, näher zu kommen.

VIVE LA FRANCE stellt Ihnen die Spielorte und ihre Umgebung vor – historische Altstädte, Schlösser, Lavendel-felder, Literaten-Cafés, Industriedenkmäler, Küstenstraßen oder Tour-de-France-Pässe. Wie aber könnte man sich Frankreich, dem Land, in dem das Essen die schönste Hauptsache der Welt ist, besser nähern als über seine kulinarischen Spezialitäten?

VIVE LA FRANCE präsentiert daher zu jeder Stadt, in der gespielt wird, auch drei oder vier Rezepte für typische Gerichte der Region – abseits von Crêpes und Croissants, aber trotzdem leicht nachzukochen. Denn wie schon bei *Kick and Cook*, dem Kochbuch zur Fußball-WM 2014, hat die Autorin bei der Auswahl der Speisen darauf geachtet, dass auch diejenigen, die keine Küchenprofis sind, sie ohne Schwierigkeiten zubereiten können, und dass alle Zutaten im gut sortierten deutschen Supermarkt erhältlich sind.

Die Rezepte sind, wenn nicht anders angegeben, für vier Personen berechnet und bieten an vielen Stellen die Möglichkeit zu improvisieren. Sie sind Vegetarier? Sie finden in VIVE LA FRANCE einige vegetarische Rezepte, andere können Sie aber auch ganz leicht in eine vegetarische Variante abwandeln, indem Sie einfach den Schinken weglassen oder den Salat ohne Sardellen servieren. Sie haben keinen Kerbel im Haus? Dann nehmen Sie ein anderes Küchenkraut; das Ergebnis ist vielleicht nicht ganz authentisch, aber Kochen bedeutet auch immer ein wenig Abenteuer. Hauptsache, es schmeckt!

Und während die *Tarte à la tomate* im Ofen backt oder das *Cassoulet* vor sich hin schmort, können Sie mit VIVE LA FRANCE auch noch Ihr Wissen um die Klubs, die in den EM-Stadien zu Hause sind, und deren Nationalspieler erweitern – gut fürs Tischgespräch.

VIVE LA FRANCE et BON APPÉTIT!

Bordeaux – Welthauptstadt des Weins

Région Aquitaine (ab 2016 Aquitaine-Limousin-Poitou-Charentes) –
Département Gironde

SEHENSWERTES in Bordeaux

Château Mouton-Rothschild, Médoc, Cru Classé – in Bordeaux dreht sich alles um Wein. Schon während der Römerzeit prägte der Weinhandel hier das Leben; die Stadt gab dem weltweit größten zusammenhängenden Anbaugebiet für Qualitätsweine seinen Namen (Bordeaux im Deutschen, *Bordelais* im Französischen). Heute produzieren die ungefähr 7.000 *chateaux* und *domaines* des Département Gironde mehr als 5 Millionen Hektoliter Wein pro Jahr, darunter Spitzenweine, die höchste Preise erzielen. Und so gehören eine Tour entlang der sechs Weinstraßen und ein Besuch auf mindestens einem der Güter mit anschließender Verkostung (*dégustation*) zum Pflichtprogramm jedes Bordeaux-Touristen. Will man die Gegend nicht auf eigene Faust erkunden, nimmt man einfach an einer der zahlreichen geführten Touren teil, die zum Beispiel über das Fremdenverkehrsamt gebucht werden können (siehe Adressteil).

Grundkenntnisse in Sachen Weinprobe vermittelt die *Ecole du Vin* in zweistündigen Kursen, einen Einblick in die Geschichte des Weinhandels in Bordeaux gibt das *Musée du Vin et du Négoce*. Beide Institutionen sind in eleganten Bürgerhäusern untergebracht und beispielhaft für das Architekturbild der Stadt: Spätbarocke und klassizistische Bauten aus karamellfarbenem Sandstein bilden eine geschlossene, prunkvolle Bebauung und den größten von der UNESCO als Welterbe klassifizierten Stadtkomplex. Sie zeugen vom Wohlstand, den die einflussreichen, weltoffenen und selbstbewussten Weinhändler der Hafenmetropole bescherten und noch immer bescheren.

Die *Place des Quinconces* zählt mit mehr als 12 Hektar zu den größten umbauten Plätzen Europas, von der *Place de la Bourse* heißt es, sie sei der schönste Platz Frankreichs. Hier spiegelt

IN **Bordeaux** WIRD GESPIELT IM …

Stade de Bordeaux, 42.000 Plätze, Eröffnung im Sommer 2015.

NORMALERWEISE WIRD HIER ZUHAUSE SEIN…

… der FC Girondins de Bordeaux, sechsmal Meister und viermal Pokalsieger. Einer der französischen Nationalspieler, die für Girondins de Bordeaux aufliefen, ist Zinédine Zidane. Er bestritt 108 Matches für Frankreich und wurde mit der Équipe Tricolore 1998 durch ein 3:0 im Finale gegen Brasilien (zwei Tore durch Zidane) Weltmeister. Zwischen 1998 und 2003 war Zinédine Zidane dreimal Weltfußballer des Jahres.

Zinédine Zidane

BEMERKENSWERT …

Gebaut wurde das Stade de Bordeaux – ausgestattet unter anderem mit einem beweglichen Dach – von der Schweizer Firma Herzog & de Meuron, die auch die Allianz-Arena in München entworfen hat.

Der Miroir d'eau auf der Place de la Bourse

sich die Stadt im berühmten *Miroir d'eau* (dt. Wasserspiegel), einer großen, rechteckigen, mit einem dünnen Wasserfilm überzogenen Granitfläche, in der Touristen wie Bordeleser gleichermaßen mit nackten Füßen planschen – besonders gern, wenn plötzlich 900 Fontänen einen hauchdünnen Nebel versprühen. Der *Miroir d'eau* ist in die Uferpromenade entlang der restaurierten Hafenanlagen und Lagerhallen an der Garonne integriert, die zum Flanieren, Joggen, Radfahren oder Verweilen in einer der zahlreichen Bars oder Brasserien an den Quais einlädt.

Die viereinhalb Kilometer lange Promenade des Quais

Die Fahrbahn der 2013 eingeweihten Brücke *Pont Chaban-Delmas*, Symbol der modernen Stadtentwicklung, kann 55 Meter gehoben werden, um Passagier- und Segelschiffen Einlass in den Hafen zu gewähren. Die Brücke ist idealer Ausgangspunkt für einen Entdeckungsrundgang – oder nehmen Sie von hier aus die Straßenbahnlinie, die den Quais in Richtung *Place des Quinconces* folgt.

AUSFLÜGE

Auf der an den Golf von Biskaya grenzenden Halbinsel Médoc im Nordwesten von Bordeaux wachsen die berühmtesten der Bordeauxreb-sorten und sind die nobelsten Châteaus beheimatet. Aber das Médoc hat mehr zu bieten: herrlich weiße Sandstrände, tosende Brandung und dichte Kiefern- und Pinienwälder entlang der hier beginnenden und insgesamt mehr als 200 Kilometer langen „Silberküste" (*Côte d'Argent*). Die Bucht von Arcachon teilt den Küsten-streifen in einen Nord- und einen Südabschnitt. Die nahe des Seebads Arcachon gelegene und mit 110 Metern höchste Wanderdüne Europas (*Dune du Pyla* oder *de Pilat*) kann auf einer Länge von fast drei Kilometern beklettert werden. Sie eröffnet traumhafte Blicke auf den Atlantik und – landein-wärts – auf die Landschaft der Gascogne, in der im *Parc naturel régional des Landes de Gascogne* der größte Wald Frankreichs angelegt wurde. – Bayonne (bekannt für Schinken, Schokolade und Stierkämpfe) und Biarritz am südlichen Ende der Silberküste liegen im französischen Teil des Baskenlandes.

Verlässt man Bordeaux südöstlich und folgt dem Flusslauf der Garonne, passiert man historische Weindörfer, mittelalterliche Städtchen und wunder-schöne Schlösser, zum Beispiel das Wasserschloss *Château de la Brède* oder das *Château des Ducs d'Èpernon* in Cadillac, das auf einem Felsen errichtet wurde.

Château de la Brède

Das Weinbaugebiet Bordeaux erzeugt vorwiegend Rotweine. Die wichtigsten Rebsorten sind Merlot, Cabernet Sauvignon und Cabernet Franc, aus Sauvignon blanc- und Sémillon-Trauben werden Weiß- und Süßweine gekeltert. Das Bordeaux hat eigene Systeme zur Qualitätskennzeichnung seiner Weine. Das Herzstück dabei ist eine historische Klassifizierung, die zur Pariser Weltausstellung 1855 eingeführt wurde und praktisch unverändert heute immer noch gilt. Die Einstufung erfolgte dabei nicht nach Lagen, sondern nach den durchschnittlichen Verkaufspreisen, die Weine einzelner Güter in den vorangegangenen Jahrzehnten erzielt hatten. Die höchste Klassifizierung für Rotweine (*Grand Cru Classé* in fünf unterschiedlichen Klassen) erhielten ca. 60 Weine der Gebiete Médoc und Graves. Für die Weißweine der Gebietes Sauternes und Barsac wurden damals drei verschiedene Qualitätsstufen eingeführt. Später kamen noch andere Kategorisierungen hinzu, wie zum Beispiel das *Grands Crus*-System des Anbaugebietes Saint-Émilion. – Auf den Etiketten der Bordeaux-Weine gibt daher also der Name des einzelnen Weingutes (*château*) Auskunft über die Qualität des Weines, vermerkt ist außerdem seine geografische Herkunft (*appellation*).

Weißwein und Austern kaufen **Asterix** und Obelix im Großen Asterix-Band VI „Tour de France" in Bordeaux. Die beiden Freunde haben mit Caesars Generalinspekteur Lucius Nichtsalsverdrus gewettet, dass sie unbehelligt von der römischen Armee durch Gallien reisen können. Als Beweis dienen kulinarische Spezialitäten, die sie aus den verschiedenen Gegenden des Landes mitbringen.

Bordeaux

Piperade
BASKISCHES OMELETT

JE 1 GRÜNE UND ROTE PAPRIKASCHOTE

1 DOSE TOMATEN IN STÜCKEN (À 400 G)

2 GROSSE ZWIEBELN

6 EL OLIVENÖL

4 KNOBLAUCHZEHEN

8 EIER

4 SCHEIBEN BAYONNE-, PARMA- ODER
    SERRANOSCHINKEN*

3 STÄNGEL THYMIAN

1 KLEINF ROTE CHILISCHOTE

SALZ, PFEFFER

1 Paprika waschen, halbieren und die Kerne entfernen. Zwiebeln schälen und in Scheiben schneiden, Knoblauch schälen und fein würfeln oder durch die Knoblauchpresse geben. Wenn Sie frische Tomaten verwenden, diese waschen, vierteln und die harten Stielansätze entfernen.

2 4 EL Öl in einem Topf auf mittlerer Flamme erhitzen und die Zwiebeln darin ca. 5 min dünsten, ohne sie braun werden zu lassen. Knoblauch, Thymian, Paprikaschoten und Tomaten hinzugeben.

3 Mit Salz und Pfeffer abschmecken und bei geringer Hitze 30 bis 40 min köcheln lassen, bis die Flüssigkeit fast verdampft ist. Ab und zu umrühren und darauf achten, dass das Ragout nicht anbrennt. Gegebenenfalls etwas Wasser angießen.

4 Die Eier in eine Schüssel geben, mit dem Schneebesen aufschlagen und über das Paprikagemüse geben. Mit einem Deckel verschließen und so lange stocken lassen, bis sie die Konsistenz von weichem Rührei haben.

5 Inzwischen den Schinken in einer Pfanne in dem restlichen Öl kurz anbraten und auf die Piperade geben. Die Chilischote auflegen und sofort servieren.

* Dieser Schinken ist eine Spezialität aus Bayonne, der Hauptstadt des französischen Baskenlandes. Er ähnelt dem Serrano- oder Parmaschinken und kann durch diese Sorten oder Westfälischen Schinken ersetzt werden.

Poisson à la bordelaise

FISCH NACH BORDELAIS-ART

4 FILETS VON WEISSEM SEEFISCH (Z. B. ROTBARSCH, SEELACHS, KABELJAU, HEILBUTT O.Ä.), CA. 800 G

4 EL BUTTER

4 EL OLIVENÖL

4 SCHALOTTEN ODER KLEINE ZWIEBELN

2 KNOBLAUCHZEHEN

250 ML TROCKENER WEISSWEIN

8 EL SEMMELBRÖSEL

2 TL SALZ

1 EL ZITRONENSAFT

2 EL FRISCHE PETERSILIE, GEHACKT

SCHWARZER PFEFFER, AM BESTEN FRISCH GEMAHLEN

EINE FEUERFESTE FORM

OLIVENÖL FÜR DIE FORM

1 Backofen auf 180° C vorheizen. Den Fisch unter fließendem Wasser abspülen, mit Küchenpapier trockentupfen und nebeneinander in eine mit Olivenöl ausgestrichene feuerfeste (Auflauf-) Form legen.

2 Schalotten und Knoblauch schälen und ganz fein hacken. Butter und Öl bei mittlerer Hitze erwärmen, bis die Butter geschmolzen ist. Zwiebel und Knoblauch hinzufügen und ca. 5 min dünsten. Mit dem Wein ablöschen, einmal aufkochen, Hitze wieder reduzieren und auf kleiner Flamme köcheln, bis die Flüssigkeit fast eingekocht ist.

3 Vom Herd nehmen, Semmelbrösel, Salz, Petersilie und Zitronensaft hinzufügen, alles gut vermischen und mit reichlich Pfeffer kräftig würzen.

4 Die Mischung auf dem Fisch verteilen und ihn 20 min im Ofen garen.

Tipp: Wenn statt Petersilie Koriander, statt des Zitronensaftes Limettensaft und statt des schwarzen Pfeffers bunter (gibt es als Pfeffermischung in Gewürzmühlen im Gewürzregal) verwendet wird, erhält der Fisch eine exotische Note.

Mousse au chocolat rapide
SCHNELLE SCHOKOLADENCREME

Die klassische Mousse au chocolat wird mit rohen Eiern zubereitet. Hier eine unkomplizierte Variante ohne Eier, die die Creme haltbarer macht.

2 TAFELN ZART- ODER EDELBITTERSCHOKOLADE (À 100 G)

2 BECHER SCHLAGSAHNE (À 200 G)

3 EL RUM

1 Schokolade in so kleine Stücke wie möglich brechen.

2 Sahne und Schokolade in einen Topf geben. Auf mittlerer Hitze unter ständigem Rühren so lange erwärmen (nicht kochen lassen!), bis die Schokolade sich komplett aufgelöst hat.

3 Vom Herd nehmen, den Rum unterrühren. Zugedeckt erkalten lassen, dann für mindestens zwei Stunden in den Kühlschrank stellen.

4 Mit dem Handmixer aufschlagen, bis die Creme fest wird (ungefähr wie Schlagsahne). Das gelingt wirklich nur, wenn die Schokomasse mehrere Stunden im Kühlschrank stand. Andernfalls schmeckt sie zwar trotzdem, bleibt aber halbflüssig.

Lens – der Ruhrpott Frankreichs

Région Nord-Pas-de-Calais (ab 2016 Nord-Pas-de-Calais-Picardie) – Département Pas-de-Calais

SEHENSWERTES in und um Lens

Bis 1986 die letzte Zeche schloss, war Lens ein Zentrum des Steinkohlebergbaus im nordfranzösischen Kohlerevier. Ähnlich wie im Ruhrgebiet blieben danach manche Einrichtungen auf dem Gelände der ehemaligen Minen als Industriedenkmäler erhalten und wurden Teil des UNESCO-Welterbes. Schon von Weitem sieht der Besucher beispielsweise die Abraumhalden der stillgelegten Kohlegrube von Loos-en-Gohelle, fünf Kilometer nördlich von Lens. Zwei von ihnen sind je 146 Meter hoch und damit vermutlich die höchsten Grubenhalden Europas. Im bedeutendsten Bergwerksmuseum Frankreichs in Lewarde, 40 Kilometer südöstlich von Lens, kann man in einen Stollen einfahren, mit ehemaligen Bergmännern sprechen und sich in Ausstellungen vertiefen, die 300 Jahre Bergbau lebendig werden lassen.

Die Abraumhalden von Loos-en-Gohelle

Art-Déco-Fassade im Stadtzentrum von Lens

IN Lens WIRD GESPIELT IM …

Stade Félix Bollaert-Delelis, (vor dem bis Ende 2015 geplanten Umbau) 35.000 Plätze, eröffnet im Juni 1933.

NORMALERWEISE IST HIER ZUHAUSE …

… der RC Lens, der 1998 – völlig überraschend – seinen einzigen Meistertitel errang. Einer der französischen Nationalspieler, die für den RC Lens aufliefen, war Didier Six. Der Linksaußen, später unter anderem auch für den VfB Stuttgart aktiv, gehörte zu den beiden Franzosen, die 1982 im Elfmeterschießen des WM-Halbfinals Deutschland gegen Frankreich an Toni Schumacher scheiterten. Deutschland holte damals einen 1:3-Rückstand in der Verlängerung auf und zog ins Weltmeisterschaftsendspiel ein.

Didier Six

BEMERKENSWERT …

Im Stade Félix Bollaert-Delelis könnte praktisch jeder Bürger von Lens einen Platz finden, denn die Stadt hat nur rund 33.000 Einwohner.

16

In Lens entstand auf dem Ödland zwischen Abraumhalden und Fußballstadion mit dem *Louvre Lens* die erste Zweigstelle des berühmten Pariser Kunstmuseums. In einem architektonisch spektakulären Gebäudekomplex zeigt die sogenannte „Galerie der Zeit" auf 4.000 Quadratmetern chronologisch angeordnet Meisterwerke des Louvre. Das kunstgeschichtliche Panorama beginnt im vierten Jahrtausend vor Christus und reicht bis ins 19. Jahrhundert.

Die Opalküste des Ärmelkanals

Während des Ersten Weltkriegs verlief die Frontlinie in der Nähe von Lens; die Gegend war schwer umkämpft und die Stadt vier Jahre lang besetzt. 1918 hatte das mittlerweile komplett zerstörte Lens nur noch halb so viele Einwohner wie zu Beginn des Krieges. Der Wiederaufbau wurde durch staatliche und kommunale Programme gefördert, aber auch privat organisiert: Die „Kooperative der geschädigten Hausbesitzer" kümmerte sich um die Rekonstruktion von Wohn- und Geschäftsgebäuden. Dabei gab es keine ausdrücklichen Vorschriften hinsichtlich der Bauweise, und so entstanden in den Jahren 1921 bis 1932 die Straßenzüge, die heute das Stadtzentrum von Lens bilden, sich durch eine Vielzahl verschiedener Stile auszeichnen und trotzdem ein harmonisches Ganzes bilden. Besonders sehenswert: der Art-Déco-Bahnhof.

AUSFLÜGE

Das Département Pas-de-Calais grenzt im Nordwesten und Westen an den Ärmelkanal. Der Küstenstreifen wird „Opalküste" (*Côte d'Opal*) genannt, weil das Wasser wie das gleichnamige Mineral blau-grün schimmert. Sandstrände, Flussmündungen, Dünen und Kreidefelsen wechseln einander ab, und wegen des großen Tidenhubs werden bei Ebbe Salzwiesen freigelegt. Hier finden sich zahlreiche Seebäder – von Lens aus erreicht man zum Beispiel nach 90 Minuten Autofahrt Boulogne-sur-Mer. Der Geburtsort der

Kirche Saint-Léger

Fußballer Jean-Pierre Papin und Franck Ribéry spielte schon im vierten Jahrhundert eine wichtige Rolle als Haupthafen der *Classis Britannica*, dem Teil der römischen Flotte, die von hier aus den Ärmelkanal kontrollierte. Heute ist er der größte Fischereihafen Frankreichs. Im interaktiven Meeresaquarium Nausicaä, das in einem ehemaligen Casino entstanden ist, warten über 35.000 Tiere und Exponate auf große und kleine Besucher, die hier das Leben im und am Meer erkunden können.

40 Kilometer weiter südlich liegt Le Touquet-Paris-Plage. Gegründet als Le Touquet, erhielt der Ort seinen Namenszusatz, weil er mit der Nationalstraße 1 schon im 19. Jahrhundert eine direkte Anbindung nach Paris hatte und daher viele Hauptstädter einen Strandausflug in den gut 270 Kilometer entfernten Küstenort unternahmen. Der Gründer der Olympischen Spiele der Neuzeit, Pierre de Coubertin, nannte Le Touquet das „Paradies des Sports". Er arbeitete von 1903 bis 1905 als Sportdirektor der Stadt und verwirklichte hier mit Hilfe englischer Investoren seine Vorstellungen von idealen Sportstätten, die bis heute erhalten sind. Die Motorrad-Strand-Ralley *Enduropale* (die frühere Dünen-Rallye *Enduro du Touquet*) erlebte 2015 ihre vierzigste Auflage und zieht Jahr für Jahr im Januar mehrere Hunderttausend Besucher an.

Bergbau-Gewerkschaftshaus in Lens

Kartoffeln, Chicorée, Blumenkohl, Artischocken, Zwiebeln, Lauch – die Region Nord-Pas-de-Calais zählt zu den wichtigsten Gemüseanbaugebieten Frankreichs. Hier werden jährlich ca. 150.000 Tonnen Chicorée produziert, so viel wie nirgendwo sonst auf der Welt; geschmorter Chicorée gilt als Delikatesse. Eine Spezialität der Opalküste ist die Kartoffelsorte *La Ratte du Touquet*. Die kleinen, länglichen, gelbfleischigen Knollen sind fest-kochend, können mit Schale verzehrt werden und eignen sich besonders für Kartoffelsalate. Auch Hopfen wird angebaut; wie im Elsass trinkt man im Nord-Pas-de-Calais traditionell eher Bier als Wein. Die ortsansässigen Brauereien sind über die Regionsgrenzen hinaus bekannt, und Bier kommt nicht nur ins Glas, sondern auch in den Kochtopf.

Lens

Salade pêle-mêle aux pommes de terre et endives
BUNTER KARTOFFELSALAT MIT CHICORÉE

1 EL WEISSWEINESSIG ODER BALSAMICO BIANCO

8 EL OLIVENÖL

1 TL DIJON-SENF

2 GESTRICHENE TL SALZ

1 TL SCHWARZER PFEFFER

1 CHICORÉE-KOPF

2 EL BUTTER

1 TL PUDERZUCKER

10 KLEINE, FESTKOCHENDE KARTOFFELN, DIE MIT SCHALE VERZEHRT WERDEN KÖNNEN (AM BESTEN ROTE ODER VIOLETTE)

1 GROSSE ROTE ZWIEBEL (ODER 2 KLEINE)

3 STÄNGEL THYMIAN

1 HANDVOLL RUCOLA

2 TL ROSA BEEREN (GIBT ES IM GEWÜRZREGAL)*

1 Für das Dressing von einem Stängel Thymian die Blättchen abpflücken und in eine Schale geben. Essig, 5 EL Öl, Senf, Salz und Pfeffer hinzufügen und alles mit einer Gabel oder einem Schneebesen zu einem cremigen Dressing rühren.

2 Die Kartoffeln waschen, in einem Topf knapp mit Wasser bedecken und in ca. 15 bis 20 min gar kochen.

3 In der Zwischenzeit den Chicorée waschen und putzen (d. h. die äußeren Blätter entfernen und den harten Stielansatz abschneiden). In die einzelnen Blätter zerlegen.

4 Die Butter bei mittlerer Hitze schmelzen. Den Chicorée dazugeben und ca. 7 min schmoren, dabei ab und zu umdrehen. Mit dem Puderzucker bestäuben und weitere 3 min schmoren. Vom Herd nehmen.

5 Den Rucola waschen und grob hacken. Die garen Kartoffeln abgießen, etwas abkühlen lassen, in ca. ½ cm dicke Scheiben schneiden.

6 Auf einem großen Teller oder einer Platte die Chicoréeblätter gleichmäßig anordnen. Den Rucola darauf verteilen, darauf die Kartoffeln schichten.

7 Die Zwiebel schälen und würfeln. 3 EL Olivenöl in einer Pfanne bei großer Hitze erwärmen, die Zwiebel mit den restlichen beiden ThymianStängeln dazugeben und ca. 5 min dünsten (sie darf nicht braun werden, gegebenenfalls Hitze reduzieren). Auf den Kartoffeln verteilen und das Dressing mit einem Löffel darüberträufeln. Zuletzt die Rosa Beeren aufstreuen.

*Rosa Beeren *(Schinus terebinthifolius)* sind die Früchte des Brasilianischen Pfefferbaumes, einer irreführenden Bezeichnung, da diese Pflanze nicht zur Familie der Pfeffergewächse gehört. Die Beeren werden allerdings oft bunten Pfeffermischungen anstelle von echtem roten Pfeffer beigegeben – aus optischen Gründen und wegen der besseren Haltbarkeit. Rosa Beeren sind mild im Geschmack und finden auch für Desserts Verwendung.

Waterzoï de poisson
FLÄMISCHER FISCHTOPF

800 G FISCHFILET (EINE ODER VERSCHIEDENE SORTEN, ZUM
   DÜNSTEN GEEIGNET)

1 STANGE LAUCH

2 MÖHREN

½ KNOLLE SELLERIE

1 PETERSILIENWURZEL

1 GROSSE ZWIEBEL

4 EL BUTTER

750 ML FISCHFOND

100 ML TROCKENER WEISSWEIN

1 BOUQUET GARNI*

½ BECHER SCHLAGSAHNE (100 G)

4 EIER

SAFT ½ ZITRONE

2 EL FRISCHE PETERSILIE, GEHACKT

SALZ UND PFEFFER

1 Das Fischfilet unter fließendem Wasser abspülen und mit
Küchenpapaier trockentupfen. In ca. 2 mal 2 cm große Stücke
schneiden, salzen und pfeffern und beiseite stellen. Die Eier
trennen, Eigelb und Sahne in einer Schüssel mit einem Schneebesen gut verschlagen.

2 Lauch, Möhren, Sellerie und Petersilienwurzel putzen, waschen
und zunächst in dünne Scheiben, dann in sehr feine Streifen
schneiden. Zwiebel schälen, halbieren, in dünne Scheiben
schneiden.

3 Die Butter bei mittlerer Hitze zerlassen. Das Gemüse zugeben,
ca. 5 min unter Rühren andünsten. Mit Weißwein ablöschen, den
Fischfond und das Bouquet garni hinzufügen, einmal aufkochen,
Hitze reduzieren und auf kleiner Flamme weitere 5 min dünsten.

4 Den Fisch in die Brühe geben, 5 bis 10 min darin garen. Vom
Herd nehmen, den Fisch aus der Brühe heben, in eine Schüssel
geben, die so groß ist, dass sie die ganze Suppe aufnehmen kann.
Ei-Sahne-Mischung nochmals durchschlagen, vorsichtig in die
Brühe rühren, die dadurch etwas gebunden wird. Mit Salz, Pfeffer
und Zitronensaft abschmecken, die Petersilie unterrühren und
alles über den Fisch geben.

* Für ein klassische Bouquet garni („Kräutersträußchen")
  werden einige Petersilienstängel, ein Thymianzweig
  und ein Lorbeerblatt mit Bindfaden zusammengebunden,
  was das einfache Entfernen am Ende der Kochzeit
  ermöglicht. Sie können die Kräuter stattdessen auch in
  einen Teefilterbeutel füllen.

Soupe à la biere

BIERSUPPE

2 MÖHREN

1 ZUCCHINI

250 G BROCCOLI

1 GROSSE ZWIEBEL

2 KNOBLAUCHZEHEN

2 EL MEHL

4 HÜHNERBRUSTFILETS

4 EL NEUTRALES ÖL (RAPS- ODER SONNENBLUMENÖL)

2 EL FRISCHE PETERSILIE, GEHACKT

0,5 L HELLES BIER

1 L GEMÜSEFOND (ODER GEMÜSEBRÜHE AUS BRÜHPULVER
    ODER -WÜRFELN)

½ BECHER SCHLAGSAHNE (100 G)

SALZ, PFEFFER

ETWAS PETERSILIE ZUM GARNIEREN

1 Gemüse putzen, Zwiebel und Knoblauch schälen. Möhren und Zucchini in ca. ½ cm dicke Scheiben schneiden, Broccoli in einzelne Röschen teilen, Zwiebel würfeln, Knoblauch halbieren.

2 Mehl in einen tiefen Teller geben. Fleisch waschen, mit Küchenpapier trockentupfen und in ca. 3 mal 3 cm große Stücke schneiden. Mit Salz und Pfeffer kräftig würzen, in dem Mehl wälzen, so dass die Stücke rundherum gut bedeckt sind.

3 Das Öl erhitzen und das Fleisch bei großer Hitze ringsherum anbraten, bis es leicht gebräunt ist. Auf mittlere Hitze reduzieren, die Zwiebel zugeben und 5 min dünsten. Das Gemüse, Knoblauch und Petersilie hinzufügen, alles gut umrühren, Bier und Brühe angießen und 15 min bei geringer Hitze köcheln lassen. Das Fleisch muss schön zart sein; gegen Ende der Kochzeit probieren und gegebenenfalls etwas länger garen.

4 Die Sahne dazugießen, noch einmal aufkochen und servieren – am besten in Suppenschüsseln und mit etwas Petersilie garniert.

Lille – Willkommen bei den Sch'tis

Région Nord-Pas-de-Calais (ab 2016 Nord-Pas-de-Calais-Picardie) – Département Nord

Belfried von Bergues

Knapp zwei Bahnstunden mit dem Eurostar nach London, eine Stunde im TGV nach Paris und nur 25 Minuten per Thalys nach Brüssel: Lille ist gleichermaßen regionales wie europäisches Kultur- und Wirtschaftszentrum. In Nord-Pas-de-Calais liegen die französischen Teile von Flandern, und gemeinsam mit zwei benachbarten Provinzen Belgiens entstand 2008 die grenzübergreifende *Eurometropole Lille-Kortrijk-Tournai*, die 145 Kommunen und ungefähr zwei Millionen Menschen vereint.

Der Legende nach geht die Gründung der Stadt auf den flämischen Grafen Lyderic de Buc zurück, der den Riesen Phinaert im Duell besiegte und zum Lohn dessen Grund und Boden erhielt. Die Flamen bestimmten viele Jahre die Geschicke der Stadt (sie trägt auch den Beinamen „Hauptstadt von Flandern"), bevor sie an das Geschlecht der Burgunder, dann an Spanisch Niederlande und schließlich an Frankreich fiel.

Lille war schon im Mittelalter ein wichtiger Hafen an der Handelsachse zwischen Flandern und der Champagne. Ihre industrielle Blütezeit erlebte die Stadt im 19. Jahrhundert, als sie sich zu einem Zentrum der Metallverarbeitung, Chemie und Textilindustrie entwickelte. Nach der schweren Industriekrise in den 70er Jahren des 20. Jahrhunderts orientierte sich Lille um und wurde zu einem Dienstleistungsstandort. Mit der Ansiedlung großer Versandhändler knüpft man nun an die Geschichte als wichtiger Warenumschlagsplatz an.

IN **Lille** WIRD GESPIELT IM …

Stade Pierre Mauroy, 50.000 Plätze, eröffnet im August 2012.

NORMALERWEISE IST HIER ZUHAUSE …

Eric Abdial

der OSC Lille, viermal Meister und viermal Pokalsieger (zuletzt jeweils 2011). Einer der französischen Nationalspieler, die für den OSC Lille aufliefen, ist Eric Abidal. Im April 2012 – zu dieser Zeit beim FC Barcelona unter Vertrag – musste sich Abidal aufgrund einer Krebserkrankung einer Lebertransplantation unterziehen. Schon sechs Monate später wieder im Training, feierte er im April 2013 bei Barcelonas 5:0 gegen RCD Mallorca sein Comeback in Spaniens Primera Division.

BEMERKENSWERT …

Das erste internationale Match im Stade Pierre Mauroy, dessen Schiebedach binnen 30 Minuten geöffnet oder geschlossen werden kann, war im November 2012 kein Fußballspiel, sondern der 39:22-Sieg der französischen Rugby-Nationalmannschaft gegen Argentinien.

Place du Général-de-Gaulle

SEHENSWERTES in Lille

Das heutige Zentrum von Lille ist geprägt von historischen Gebäuden: Das *Palais Rihour* auf dem gleichnamigen Platz, einst Herzogsresidenz, später Rathaus, ist das letzte Relikt aus der Zeit der Burgunderherrschaft und bekannt wegen seiner Mischung von gotischen und Renaissance-Elementen und seiner Bleiglasfenster. Die *Rue Rihour* verbindet die *Place Rihour* mit der *Grand Place*, zu Ehren des in Lille geborenen Charles de Gaulle mittlerweile in *Place du Général-de-Gaulle* umbenannt. Die den Platz umgebenden Gebäude bilden ein großartiges

Palais Rihour

Panorama der Liller Architektur des 17. bis 20. Jahrhunderts. Die Alte Börse (*Vieille Bourse*), ein Kleinod der flämischen Renaissance, gilt als das schönste Gebäude der Stadt. Vierundzwanzig aneinandergebaute Mansardenhäuser, jedes mit reich verzierten Fassaden, bilden einen Kreuzgang, in dessen Innerem Straßenbuchhändler und Blumenläden ihre Waren anbieten. Auf der *Grand Place* füllen sich beim ersten Sonnenstrahl die Außenbereiche der Restaurants und Cafés, hier trifft man sich, hier ist das Zentrum der *Braderie de Lille*, des größten Flohmarkts Europas, der jedes Jahr am ersten Wochenende im September stattfindet.

Im Stadtteil *Vieux-Lille*, nördlich des Zentrums, finden sich einige der ältesten Straßen und Plätze der Stadt *(Rue de la Chef, Rue de la Grande-Chaussée, Place aux Oignons)*. Sehenswert ist der Glockenturm des Rathauses, das damit 104 Meter hoch und so das höchste Verwaltungsgebäude Frankreichs ist. Solche hohen, schlanken Glockentürme werden Belfriede (frz. *beffroi*) genannt und sind in ganz Flandern zu finden. 23 von ihnen wurden 2005 in die Liste des UNESCO-Weltkulturerbes aufgenommen.

La Piscine in Roubaix– früher Schwimmbad, heute Museum

AUSFLÜGE

Roubaix, 20 Kilometer nordöstlich von Lille gelegen, ist vor allem durch den Frühjahrs-Rad-Klassiker Paris – Roubaix bekannt, der wegen seiner langen Kopfsteinpflaster-Passagen als besonders anspruchsvoll gilt. In Roubaix lohnt ein Besuch des *La Piscine* genannten Museums für Kunst und Gewerbe. Mittelpunkt des umgebauten Schwimmbads (frz. *piscine*) im Art-Decó-Stil der zwanziger Jahre des 20. Jahrhunderts bildet das große Schwimmbecken. Der Besucher betrachtet die Ausstellungsstücke hier von Stegen aus, die durch Wasser getrennt sind.

Gut eine Stunde Autofahrt Richtung Ärmelkanal braucht es, um von Lille nach Bergues und damit in den Ort zu gelangen, in dem der erfolgreichste französische Film aller Zeiten spielt: „Willkommen bei den Sch'tis" sahen seit seinem Kinostart 2008 über 20 Millionen Franzosen. Der Film beleuchtet auf derbe, zugleich jedoch poetische und charmante Weise die Eigenarten der Bewohner der Nordregion und die Ressentiments des französischen Südens gegenüber den Landsleuten im Norden, die wegen des Dialektes, den sie sprechen, „Sch'ti" genannt werden. Der Belfried von Bergues ist einer derjenigen, die zum UNESCO-Weltkulturerbe gehören. Er beherbergt ein besonders kunstvolles Glockenspiel (frz. *clarillon*) mit 50 Glocken, das jede Viertelstunde erklingt.

In Lille trifft man sich in den *estaminets*, einfache Lokale, die traditionelle regionale Küche und lokales Bier anbieten. Das Bier hat einen hohen Alkoholgehalt und wird auch zum Kochen und Backen verwendet; es kommt an die berühmte *carbonnade flamande*, an Kuchen und Crêpes-Teig. Auch *vergeoise*, ein brauner, unraffinierter Rübenzucker, der mit Karamell aromatisiert wird, verleiht vielen Gerichten einen typischen Geschmack. Am Braderie-Wochenende servieren alle Restaurants der Stadt eine weitere Spezialität der Nordregion: *moules-frites*, gedünstete Miesmuscheln mit Pommes frites.

Lille

Carbonnade flamande
FLÄMISCHES BIERFLEISCH

Eine wichtige Zutat ist der Vergeoise-Zucker, der in Deutschland schwer zu bekommen ist. Ersetzen Sie ihn durch braunen (Rüben-) Zucker, der zwar nicht die gleiche Konsistenz, aber auch einen leichten Karamellgeschmack hat.

1 KG RINDFLEISCH AUS DER SCHULTER

4 GROSSE ZWIEBELN

2 EL MARGARINE, SCHMALZ ODER NEUTRALES ÖL

2 EL MEHL

1 FLASCHE HELLES BIER (0,33 L)

1 FLASCHE DUNKLES BIER (0,33 L)

1 BOUQUET GARNI (SIEHE LENS: WATERZOÏ)

2 LORBEERBLÄTTER

2 EL VERGEOISE-ZUCKER (ERSATZWEISE BRAUNER ZUCKER)

1 GESTRICHENER EL SALZ

1 TL SCHWARZER PFEFFER

1 SOSSENLEBKUCHEN

1 Das Rindfleisch waschen, trockentupfen und in ca. 3 mal 3 cm große Würfel schneiden.

2 Die Zwiebeln schälen und fein würfeln.

3 Das Fett in einem tiefen Topf zerlassen, das Fleisch bei großer Hitze darin anbraten, bis es ringsum braun ist. Aus dem Topf nehmen, die Hitze reduzieren, die Zwiebeln im Fett glasig dünsten (nicht braun werden lassen!).

4 Das Fleisch hinzufügen, mit dem Mehl bestäuben und gut durchrühren. Mit dem Bier angießen, einmal aufkochen, Hitze reduzieren. Die Kräuter, Zucker, Salz und Pfeffer dazugeben, mit einem Deckel verschließen und 2 Stunden auf kleiner Flamme schmoren. Gelegentlich umrühren.

5 Wenn das Fleisch schön weich ist (das kann je nach Qualität auch etwas länger als 2 Stunden dauern), den Lebkuchen fein reiben und zum Binden in die Soße rühren. Weitere 5 bis 10 min köcheln lassen.

6 Mit frischem Baguette servieren. Schmeckt auch aufgewärmt sehr gut.

Tipp Soßenlebkuchen – einfaches, hartes Gebäck, das durch die Beimischung verschiedener Gewürze den typischen Lebkuchengeschmack erhält – verwendete man früher zum Binden von dunklen Soßen, z. B. bei der Zubereitung von Sauerbraten. Suchen Sie im gut sortierten Supermarkt dort, wo Soßenbinder und Fertigsoßen angeboten werden. Wenn Sie nicht fündig werden, schauen Sie in das Regal mit internationalen Spezialitäten: Dort gibt es das ganze Jahr über russische Lebkuchen (russ. *prjaniki*). Nehmen Sie ungefüllte und reiben Sie vor der Verwendung die Zuckerglasur mit einer Küchenreibe ab, dann haben Sie einen perfekten Ersatz für den klassischen Soßenlebkuchen. Sollten Sie auch keine *prjaniki* bekommen können, nehmen Sie einfach Mehl zum Binden (1 EL Mehl in 1 EL Wasser anrühren und unter ständigem Rühren in die Soße geben).

Brouillade aux crevettes
RÜHREI MIT KRABBEN

8 EIER

1 TL SALZ

½ TL SCHWARZER PFEFFER

2 EL BUTTER

½ BECHER SCHLAGSAHNE (100 G)

2 PACKUNGEN NORDSEEKRABBEN (À 100 G)

2 EL FRISCHER SCHNITTLAUCH
  ODER FRISCHE PETERSILIE, GEHACKT

4 SCHEIBEN TOASTBROT

4 EL GESALZENE BUTTER
  (ZIMMERTEMPERATUR)

1 Das Brot toasten, noch heiß mit der Butter bestreichen.

2 Die Eier einzeln in eine Tasse aufschlagen und in eine Schüssel geben. Mit Salz und Pfeffer würzen und gut verquirlen.

3 In einem tiefen Topf die Butter auf mittlerer Hitze schmelzen. Die Eier dazugießen, die Hitze reduzieren und ständig rühren. Nach ca. 2 min die Sahne dazugeben, einmal umrühren, die Krabben dazugeben und weiterrühren, bis das Rührei nicht mehr flüssig, sondern schön cremig ist.

4 In Glasschüsselchen oder kleine Trinkgläser füllen, mit den Kräutern bestreuen und mit dem Toastbrot servieren.

Tarte du Nord aux pommes
APFELTORTE AUS DER NORDREGION

7 SÄUERLICHE ÄPFEL, Z.B. BOSKOOP, ELSTAR ODER
JONAGOLD (4 FÜR APFELKOMPOTT, 3 ZUM BELEGEN)

3 EL VERGEOISE- ODER BRAUNER ZUCKER FÜR DAS KOMPOTT

2 EL CALVADOS (FRANZÖSISCHER APFELBRANNTWEIN,
OPTIONAL)

200 ML WASSER

1 PACKUNG BLÄTTERTEIG (TIEFGEFROREN)*

2 EL VERGEOISE- ODER BRAUNER ZUCKER ZUM BESTREUEN

4 EL BUTTER

1 EI

1 PRISE SALZ

1 PACKUNG TORTENGUSS (WEISS)

¼ L APFELSAFT ALS FLÜSSIGKEIT FÜR DEN TORTENGUSS

2 EL ZUCKER FÜR DEN TORTENGUSS

SPRING- ODER QUICHEFORM MIT 26 CM DURCHMESSER

BUTTER FÜR DIE BACKFORM

1 Alle Äpfel vierteln und schälen, dabei das Kerngehäuse sorgfältig entfernen. Die Viertel von 4 Äpfeln zusammen mit dem Calvados, dem Wasser und 3 EL Vergeoise-Zucker in einen Topf geben, aufkochen und bei niedriger Flamme in 15 bis 20 min zu Kompott dünsten. Abgießen und auskühlen lassen. Die restlichen Apfelviertel in der Zwischenzeit in ganz dünne Spalten schneiden.

2 Backofen auf 180° C vorheizen. Das Ei mit etwas Salz verquirlen. Die Backform gut buttern, auch am Rand.

3 Den Blätterteig nach Vorschrift so vorbereiten, dass er als Teig in die Backform gedrückt werden kann, dabei einen ca. 2 cm hohen Rand andrücken (siehe auch Fußnote). Den Boden mit der Gabel mehrfach einstechen. Das Kompott darauf verteilen und mit den Apfelspalten bedecken. Die Butter in kleinen Flöckchen darauf verteilen und mit dem restlichen Vergeoise-Zucker bestreuen. Den Teigrand mit dem verquirlten Ei bestreichen; so wird er beim Backen schön braun. In den Ofen schieben und 30 min backen.

4 Wenn der Kuchen ausgekühlt ist, die Oberfläche mit dem nach Vorschrift zubereiteten Tortenguss überziehen.

* Vorgefertigter Blätterteig wird in Frankreich auch in runden Platten angeboten, damit er gut in eine Backform passt. In Deutschland erhält man überwiegend rechteckige Platten. Legen Sie den Boden der Backform mit den Platten aus. Schneiden Sie einige der Platten in Streifen, füllen Sie damit die Zwischenräume aus und legen Sie einen Rand, der so hoch ist wie die Quicheform (bei Verwendung einer Springform ca. 3 cm Rand andrücken).

Lyon – Stadt des Lichts

Région Rhônes-Alpes (ab 2016 Rhônes-Alpes-Auvergne)
Département Métropole de Lyon

SEHENSWERTES in Lyon

Frühere Hauptstadt Galliens, malerisch zwischen den Hügeln Fourvière und Croix-Rousse und am Zusammenfluss von Rhône und Saône gelegen, einst Zentrum des Seidenhandels, Stätte mehrerer Papstweihen, Geburtsort des französischen Kinos, Sitz der wichtigsten kulinarischen Gesellschaften des Landes – das zweitausend Jahre alte Lyon gilt als eine der geschichtsträchtigsten und schönsten Städte Europas. Dank der charmanten Kombination von lebendigem historischen Erbe und Freude am Genuss erfährt der Besucher

das sprichwörtliche *savoir-vivre* (dt. „die Kunst zu leben") hautnah. Einer Statistik des örtlichen Fremdenverkehrsbüros zu Folge bleiben Touristen im Schnitt 3,7 Tage in der Stadt und geben danach einen Zufriedenheitsgrad mit ihrem Aufenthalt von 99 % an.

Am Abend ist Lyon besonders reizvoll: Nach Einbruch der Dunkelheit werden über 300 Plätze und Gebäude nach einem eigens erstellten Beleuchtungsplan angestrahlt. Bei seiner regelmäßigen Aktualisierung verarbeiten Lichtkünstler nicht nur neue Ideen, sondern auch technologische Trends und gesellschaftliche Entwicklungen, wie zum Beispiel den verantwortungsvollen Umgang mit Energie durch den Einsatz von LED-Leuchten. Jährlicher kultureller Höhepunkt in der „Stadt des Lichts", wie Lyon auch genannt wird, ist das vier-

IN Lyon WIRD GESPIELT IM …

Stade de Lyon, 58.000 Plätze, Eröffnung geplant für Ende 2015 / Anfang 2016 (Abb. unten: Modellskizze).

NORMALERWEISE IST HIER ZUHAUSE …

Olympique Lyon, siebenmal Meister (ununterbrochen von 2002 bis 2008) und fünfmal Pokalsieger. Einer der Nationalspieler, die für Olympique Lyon aufliefen, ist der Italiener Fabio Grosso. Bei der WM 2006 in Deutschland erzielte er zunächst in der 119. Minute des Halbfinals Italien gegen Deutschland das vorentscheidende 1:0 und beendete damit das Sommermärchen. Dann verwandelte Grosso im Elfmeterschießen des Endspiels gegen Frankreich den letzten Strafstoß, der die Italiener zu Weltmeistern machte.

Fabio Grosso

BEMERKENSWERT …

In Lyons bisher größtem Stadion, dem Stade de Gerland, schied Deutschland durch ein 0:3 gegen Kroatien bei der Fußballweltmeisterschaft 1998 sang- und klanglos im Viertelfinale aus.

Amphitheater auf dem Fourvière

Chambéry, ehemalige Hauptstadt Savoyens

tägige Lichter-Festival (*Fête des Lumières*) im Dezember.

Spektakulär sind die Werke der Künstlergruppe *Cité-Création*, großflächige Wandmalereien auf über 100 Fassaden in Lyon. Die Künstler begannen ihre Arbeit in den 1980er Jahren in *Les États-Unis*, einem Stadtteil, der seit den sechziger Jahren immer mehr zu verfallen drohte und sich zum sozialen Brennpunkt entwickelt hatte. Die riesigen Bilder, die *CitéCrétion* hier schuf, verwandelten *Les États-Unis* in ein Freilichtmuseum und trugen dazu bei, dass das Viertel heute wieder attraktiver geworden ist. – Mehr als 30 Museen, ein weltberühmtes Marionettentheater und schicke überdachte Einkaufspassagen lassen auch bei schlechtem Wetter keine Langeweile aufkommen. Und kehren Sie unbedingt in eines der zahlreichen kleinen traditionellen Lokale (*bouchons*) ein, wo Sie ein Glas Beaujolais und ein *mâchon*, eine deftige Zwischenmahlzeit mit Lyonner Wurstspezialitäten, probieren sollten.

AUSFLÜGE

Dank einer guten Autobahnanbindung sind es von Lyon nur knapp eineinhalb Stunden bis Grenoble und damit bis zum Rand der Hochalpen. Verlässt man den Austragungsort der Olympischen Winterspiele 1968 in Richtung Süden, indem man zunächst die N85 und bei Vizielle die D1091 nimmt, kann man am Abzweig nach Allemont (auf der D1091 bleiben) einen Rundkurs starten, der den Reisenden nacheinander über die gefürchtetsten Pässe der Tour de France führt: L'Alpe-d'Huez (Abzweig nicht verpassen!), Col du Galibier, Col de la Croix de Fer. Der Abschnitt, auf dem der Col du Galibier liegt, gehört zur *Route des Grandes Alpes*, Europas höchster Ferienstraße, die den Genfer See mit der Côte d'Azur verbindet. Die 700 Kilometer lange Panoramastrecke überquert insgesamt 16 Pässe auf Höhen von 706 bis 2764 Metern und ist nur von Juni bis Oktober geöffnet.

Im Norden von Grenoble liegt der Lac de Bourget, der als Frankreichs größter natürlich entstandener See gilt, und an seinen Ufern die Bäderstadt Aix-les-Bains (frz. *bain* = Bad). Die mondänen Paläste, ehemals Hotels, in denen sich Anfang des 20. Jahrhunderts der europäische Hoch- und Geldadel traf, bilden noch immer eine großartige Kulisse. Auf dem Weg dorthin lohnt ein Zwischen-stopp in Chambéry. Bekannteste Sehenswürdigkeit der ehemaligen Hauptstadt des Herrschaftsgebietes der Grafen von Savoyen ist neben deren Schloss der Elefantenbrunnen (*Fontaine des Éléphants*), dessen Hauptsäule vier lebensgroße steinerne Elefanten tragen. Bemerkenswert sind weiterhin die sogenannten Trompe-l'Oeil (dt. „täusche das Auge"), Wandmalereien, die mittels perspektivischer Raffinesse Dreidimensionalität vortäuschen. Die Kirche *Saint-François-de-Sales* beeindruckt mit dem größten Trompe-l'Oeil Europas.

Bei Nacht angestrahlt: mehr als 300 Plätze und Gebäude in Lyon.

Restaurantbesitzer und Feinschmecker auf der ganzen Welt träumen von einem, zwei oder drei kleinen roten Symbolen in einem kleinen roten Buch: 1926 erfand die Redaktion des jährlich erscheinenden, wichtigsten französischen Restaurantführers *Guide Michelin* den „Stern", um Restaurants mit besonders empfehlenswerter Küche zu kennzeichnen. Mit mehr als zehn Sterne-Restaurants im Großraum Lyon, über 2.000 weiteren Restaurants jeglicher Preisklasse und einer jahrhundertelangen gastronomischen Tradition kann sich die Metropole mit Fug und Recht als kulinarisches Zentrum Frankreichs bezeichnen (sie wird auch *ville-de-geule*, Stadt des Gaumens, genannt). Schon immer setzte man hier auf die Verwendung erstklassiger regionaler Produkte und profitierte von der günstigen Lage am Hauptverkehrsweg zwischen Alpen und Mittelmeer. Paul Bocuse, legendärer Küchenchef, Pionier der Wiederbelebung der bodenständigen französischen Landküche und vom zweiten einflussreichen Restaurantführer Frankreichs, dem *Gault-Millau*, 1989 zum „Koch des Jahrhunderts" gekürt, absolvierte in Lyon seine Ausbildung. Er betreibt in und um Lyon mehrere Restaurants, darunter das *L'Auberge du Pont de Collonges* in Collonges au Mont d'Or, das von 1965 bis heute jedes Jahr drei Michelin-Sterne erhielt.

Asterix' Tour de France-Spezialitäten aus Lyon sind Wurst und Fleischklößchen.

Lyon

Coq au vin de Bourgogne
HÄHNCHEN IN BURGUNDERWEIN

4 HÄHNCHENKEULEN

25 PERL- ODER MINIZWIEBELN

4 EL PFLANZENFETT (Z.B. BISKIN) ODER NEUTRALES ODER OLIVENÖL

200 G GERÄUCHERTER BAUCHSPECK

500 G FRISCHE CHAMPIGNONS

2 KNOBLAUCHZEHEN

4 EL MEHL

½ L ROTWEIN (AM BESTEN BURGUNDER)

1 BOUQUET GARNI (SIEHE LENS: WATERZOÏ)

SALZ, PEFFER

1 TL ZUCKER

2 EL FRISCHE PETERSILIE, GEHACKT

2 ZWEIGE FRISCHER THYMIAN (OPTIONAL)

1 Die Hähnchenkeulen waschen und trockentupfen, mit Salz und Pfeffer einreiben. Den Speck in Würfel von 1 cm Kantenlänge schneiden. Die Perlzwiebeln schälen. Die Pilze putzen, in dicke Scheiben schneiden. Die Knoblauchzehen schälen und durch eine Knoblauchpresse geben bzw. fein hacken.

2 Pflanzenfett oder Öl in einer tiefen Pfanne oder einem Schmortopf auf mittlerer Flamme erhitzen. Den Speck darin auslassen, bis er glasig ist. Die Zwiebeln hinzufügen und 10 min auf kleiner Flamme schmoren, dabei öfter umrühren. Die Champignons zugeben und weitere 10 min schmoren. Dann Speck, Zwiebeln und Pilze aus dem Fett nehmen und beiseite stellen.

3 Die Hähnchenkeulen in dem Fett von beiden Seiten anbraten, bis sie leicht braun sind. Den Knoblauch zugeben, das Mehl mit einem Löffel gleichmäßig darauf verteilen, einmal durchrühren. Mit dem Rotwein aufgießen, das Bouquet garni und den Zucker hinzufügen, mit Salz und Pfeffer kräftig abschmecken. Pfanne bzw. Topf mit einem Deckel schließen und das Fleisch auf kleiner Flamme gar schmoren (das dauert ca. 45 min).

4 Die Zwiebel-Speck-Pilzmischung dazugeben und nochmals 10 min köcheln lassen.

5 Mit der Petersilie bestreuen und dem Thymian garnieren. Im Topf auftragen.

Gratin dauphinois
KARTOFFELGRATIN

1 KG MEHLIG KOCHENDE KARTOFFELN

1 KNOBLAUCHZEHE

250 ML MILCH

250 G SCHLAGSAHNE

2 STÄNGEL THYMIAN

4 TL SALZ

1 TL PFEFFER

1 ½ TL GERIEBENE MUSKATNUSS

6 EL BUTTER

EINE AUFLAUFFORM (CA. 20 X 25 CM)

BUTTER FÜR DIE FORM

1 Den Backofen auf 180° C vorheizen. Milch und Sahne in einen Kochtopf gießen, den Thymian dazugeben.

2 Die Kartoffeln schälen, waschen und in ca. 3 mm dünne Scheiben schneiden (z. B. mit einer Küchenschneidemaschine). In eine Schüssel geben, mit Salz, Pfeffer und 1 TL Muskatnuss vermengen.

3 Die Knoblauchzehe schälen und halbieren. Den Boden und die Seiten einer Auflaufform mit den Knoblauchschnittflächen gleichmäßig bestreichen. Die Knoblauchhälften danach zu der Milch-Sahne-Mischung geben, die Auflaufform gut buttern.

4 Die Milchmischung mit ½ TL Muskatnuss würzen, einmal aufkochen und vom Herd nehmen.

5 Eine Schicht Kartoffeln in die Form legen, mit der Hälfte der Milchmischung übergießen. Die zweite Schicht Kartoffeln auflegen, dabei schuppenförmig anordnen. Mit der restlichen Milch begießen, Butter in Flöckchen darauf verteilen und bei 180° C ca. 1 Stunde backen. Dann die Hitze auf 125° reduzieren und weitere 30 min garen. Wenn sich herausstellt, dass die Kartoffeln besser in drei Schichten angeordnet werden (z. B. weil die Größe der Form das so hergibt), dann die einzelnen Schichten jeweils mit einem Drittel der Milchmischung begießen.

6 Das Gratin kann als Beilage zu Fisch oder Fleisch serviert werden, aber auch als eigenständiges Gericht, wenn es z. B. mit einem frischen Salat ergänzt wird.

Clafoutis aux cerises
KIRSCHAUFLAUF

1 GLAS SAUERKIRSCHEN

100 G MEHL

75 G PUDERZUCKER

1 PÄCKCHEN VANILLEZUCKER

4 EIER

125 ML MILCH

125 G SCHLAGSAHNE

¼ TL SALZ

2 EL KIRSCHWASSER (OPTIONAL)

1 EL BUTTER

1 QUICHE- ODER AUFLAUFFORM MIT CA. 25 CM
   DURCHMESSER

1 Backofen auf 180° C vorheizen.

2 Kirschen in einem Sieb gut abtropfen lassen, dabei mit dem Rücken eines Kochlöffels sanft drücken, damit so viel wie möglich Saft abläuft.

3 Die Auflaufform auf eine Herdplatte stellen, die Butter hineingeben und bei geringer Hitze schmelzen. Vom Herd nehmen und mit einem Stück Butterbrotpapier oder einem Küchentuch in der Form verteilen, so dass sie gut gefettet ist (auch an den Rändern).

4 Mehl, Puder- und Vanillezucker und Eier mit dem Handmixer zu einer gleichmäßigen Masse verrühren. Milch, Sahne, Salz und – wenn gewünscht – Kirschwasser dazugeben und nochmals gut verrühren. Es entsteht ein sehr flüssiger Teig.

5 Kirschen auf dem Boden der Auflaufform gleichmäßig verteilen. Teig darübergießen, die Form in den Backofen schieben und 40 bis 45 min backen. Etwas abkühlen lassen und lauwarm servieren.

Marseille – Lavendel trifft Mittelmeer

Région Provence-Alpes-Côte d'Azur – Département Bouches-du-Rhône

Provence – wer denkt da nicht an Lavendelfelder, Sonnenblumen und malerische Bergdörfer? Berühmte Maler wie Cézanne, van Gogh und Picasso liebten das besondere Licht in *Le Midi* (frz. für Südfrankreich) und fingen die unvergleichliche provenzalische Stimmung in ihren Kunstwerken ein. Die Region Provence-Alpes-Côte d'Azur (kurz: PACA) ist riesig und erstreckt sich von der Mittelmeerküste und dem flachen Rhône-Delta im Süden bis zum rauen Hochland der Haute-Provence im Norden. Die ursprünglichsten Landschaften findet man im Luberon, auf dem Vaucluse-Hochplateau und in der Gegend am Zusammenfluss von Rhône und Gardon.

SEHENSWERTES in Marseille

Die Hauptstadt der Provence, Marseille, in einer Bucht des Golfe du Lion direkt am Mittelmeer gelegen, verwöhnt Einwohner und Besucher mit 300 Sonnentagen im Jahr. Den schönsten Blick über den Golf, auf die Stadt mit den ihr vorgelagerten Frioul-Inseln und die sie umgebenden Berge hat man von der Basilika *Notre-Dame de la Garde* hoch über den Dächern der Stadt. Steile Treppen und Wege führen hinauf zu diesem Wahrzeichen Marseilles, dessen Glockenturm eine goldene Madonna krönt, die über die Stadt wacht. Leichter geht es mit dem Bus der Linie 60, der vom *Vieux Port* bis zur Notre-Dame etwa 20 Minuten braucht.

Die Lage am Wasser bestimmte seit der Gründung der ältesten Stadt Frankreichs vor 2.600 Jahren ihre Geschicke. Schon in der Antike war sie Handelszentrum des westlichen Mittelmeeres. Mit der Eröffnung des Suezkanals entwickelte sich Marseille im 19. Jahrhundert endgültig zum bedeutendsten Hafen des Landes und wurde zu Beginn der Kolonialzeit Frankreichs „Tor nach Afrika". Von hier starteten Schiffe in die Überseegebiete, und die Stadt war schon damals das Ziel nicht nur von Einwanderern aus vielen anderen europäischen Ländern, sondern auch aus den afrikanischen Kolonien. Sie brachten ihre Kultur und damit

IN Marseille WIRD GESPIELT IM …

Stade Vélodrome, 67.000 Plätze, eröffnet im Juni 1937.

NORMALERWEISE IST HIER ZUHAUSE …

Olympique Marseille, neunmal Meister und zehnmal Pokalsieger. Einer der Nationalspieler, die für Olympique Marseille aufliefen, ist Rudi Völler. Der Weltmeister von 1990 und spätere deutsche Nationaltrainer stand beim Champions-League-Finale 1993 im Münchner Olympiastadion in Marseilles Startformation. Olympique gewann das Spiel gegen den AC Mailand, der unter anderem mit Marco van Basten und Frank Rijkaard antrat, mit 1:0.

Rudi Völler

BEMERKENSWERT …

In das Stade Vélodrome war – wie der Name es vermuten lässt – ursprünglich eine Radrennbahn integriert, die erst 1985 entfernt wurde. Nach einer 2014 abgeschlossenen Renovierung hat das ehemals komplett offene Stadion nun erstmals ein Dach.

Wahrzeichen von Marseille: Notre-Dame de la Garde

eine allgegenwärtige ethnische Vielfalt in die Hafenstadt.

Während Industriehafen und Kreuzfahrtterminal etwas außerhalb der Stadt liegen, gehen Segelboote und Jachten im *Vieux Port*, dem zentralen Anziehungspunkt für Besucher, vor Anker. Morgens wird am *Quai des Belges* frischer Fisch verkauft, mittags empfiehlt es sich, auf eine *bouillabaisse* – die typisch provenzalische Fischsuppe – in eines der zahlreichen Lokale rund um das Hafenbecken einzukehren. Besonders schön aber ist der *Vieux Port* am Abend, wenn man bei einem Glas Pastis den mediterranen Zauber der untergehenden Sonne genießen kann. Eine kleine Fähre pendelt zwischen Ost- und Westufer, Boote bringen Ausflügler vom Anleger am *Quai des Belges* zum *Château d'If*, das durch Alexandre Dumas' Roman „Der Graf von Monte Christo" berühmt wurde.

AUSFLÜGE

Enge, fjordähnliche Buchten im Kalkgestein des Mittelmeers, sogenannte *calanques*, prägen auf 20 Kilometern Länge die Küste zwischen Marseille und Cassis. Sie laden zum Baden im türkisfarbenen Wasser, Wandern und Klettern ein und können per Schiff, Kajak oder zu Fuß erreicht werden. Ausflugsboote starten vom *Vieux Port* in

Vieux Port, der Alte Hafen von Marseille

Marseille oder in Cassis. Zu den Ausgangspunkten für Wanderungen gelangt man entweder mit dem Auto oder dem Bus (Information dazu im Fremdenverkehrsbüro in Marseille und Cassis, siehe Adressteil).

Von Cassis, einem reizvollen kleinen Ort mit pittoreskem Hafen und schönem Badestrand, führt die *Route des Crêtes* nach La Ciotat. Die schmale und kurvenreiche Höhenstraße (D 141) folgt der Steilküste und windet sich hinauf zum Cap Canaille, wobei sie immer wieder spektakuläre Aussichten auf das Meer und die Kalksteinlandschaft bietet.

Die Route des Crêtes zwischen Cassis und La Ciotat

In Aixes-en-Provence, Arles und Nîmes erwarten den Besucher historische Stadtkerne, antike Tempel und Theater, Märkte, Museen, Feste und Stierkämpfe. Es gibt so viel zu sehen, zu entdecken und zu genießen, dass man sich ausreichend Zeit nehmen sollte, um diese Städte zu erkunden. – Will man in die raue Berglandschaft und die provenzalische Lebensart im Norden der Region eintauchen, bietet sich eine Rundfahrt zwischen Plateau de Vaucluse und Montagne du Luberon an. Etwas weiter nördlich erreicht man von Orange aus (etwa eineinhalb Autostunden von Marseille entfernt) den Mont Ventoux, den kahlen „Riesen der Provence", 1.912 Meter hoch und legendärer Gipfel der Tour de France. – Einen Abstecher wert ist schließlich auch das Naturschutzgebiet der Camargue zwischen den beiden Mündungsarmen der Rhône mit seinen Salzwiesen und Sümpfen, Dünen, Reisfeldern, rosafarbenen Flamingos und weißen Pferden.

Die Provence ist eine Region für Genießer. Die provenza-lische Sonne lässt köstliches Gemüse, Pilze, aromatische Kräuter, süßes Obst und guten Wein reifen. Olivenöl und viel Knoblauch gehören praktisch an jedes Gericht. Rosmarin, Minze, Thymian, Salbei, Basilikum, Anis und Lorbeer geben Würze und unverwechselbaren Geschmack. Hervorragendes Fleisch und frischer Fisch komplettieren die Speisekarte. Einige lokale Spezialitäten wurden weltberühmt, beispiels-weise das Gemüseragout *ratatouille*, die Knoblauchmayon-naise *aïoli* und die Fischsuppe *bouillabaisse*. Besonders im Süden haben außerdem die Rezepte der nordafrikanischen Einwanderer einen festen Platz gefunden.

Auch **Asterix** entscheidet sich auf seiner Tour de France für Bouillabaisse als Spezialität aus Marseille.

Marseille

Bouillabaisse

PROVENZALISCHE FISCHSUPPE

Für die Bouillabaisse werden normalerweise verschiedene, im Mittelmeer beheimatete Fische und Meeresfrüchte verwendet. Man bereitet zunächst eine Fischbouillon zu – ursprünglich unter Verwendung der Fisch- und Krustentierkarkassen (also des Grätengerüsts und/oder der Schalenpanzer). Einfacher ist es, fertigen Fischfond zu benutzen. Als Fisch nehmen Sie die Sorten Seefischfilet, die Ihr Supermarkt anbietet.

Fischbouillon

1 KG GEMISCHTER SEEFISCH, FILETIERT
(Z. B. KABELJAU, ROTBARSCH, SEELACHS)

6 EL OLIVENÖL

3 MITTELGROSSE ZWIEBELN

1 TL MILDES PAPRIKAPULVER

1 FENCHELKNOLLE

200 ML WEISSWEIN

1 DOSE TOMATEN IN STÜCKEN (400 G)

2 KNOBLAUCHZEHEN

1 BOUQUET GARNI (SIE LENS: WATERZOÏ)

ZESTEN VON EINER ORANGE*

1 G SAFRAN (GEMAHLEN, FALLS FÄDEN VERWENDET
WERDEN, DIESE MIT DEN FINGERN ZU PULVER
VERREIBEN)

1 L FISCHFOND (GIBT ES FERTIG ZU KAUFEN, MEIST IN
DER NÄHE DER FERTIGSOSSEN)

SALZ, PFEFFER

Würzsoße (Rouille)

1 EIGELB

1 G SAFRAN (GEMAHLEN ODER ALS FÄDEN, SIEHE SUPPE)

100 ML OLIVENÖL

1 KNOBLAUCHZEHE

SALZ, PFEFFER

8 SCHEIBEN BAGUETTE

*Zesten sind hauchdünne Streifen der äußeren, farbigen Schale von Zitrusfrüchten. Man stellt sie am besten mit einem Zestenreißer her, der im Supermarkt angeboten wird. Alternativ verwendet man frisch abgeriebene Schale.

1 Das Fischfilet waschen, mit einem Küchentuch trocken-tupfen, in ca. 10 cm lange Stücke schneiden und beiseite stellen. Zwiebeln schälen und würfeln, die Fenchelknolle waschen, halbieren und ebenfalls würfeln. Den Knoblauch für die Suppe schälen, aber nicht zerkleinern.

2 Zunächst die Fischbouillon bereiten, in der das Filet anschließend gedünstet wird. Dazu das Olivenöl erhitzen und die Zwiebeln darin bei mittlerer Hitze ca. 5 min dünsten. Mit dem Paprikapuver bestäuben, einmal durchrühren, Fenchel, Wein, Tomaten, Knoblauch und die Gewürze dazugeben und mit dem Fischfond aufgießen. Einmal aufkochen, Hitze redu-zieren, mit Salz und Pfeffer kräftig würzen und 30 min köcheln lassen. Dabei ab und zu umrühren.

3 In der Zwischenzeit die Rouille bereiten: Knoblauch schälen und durch eine Knoblauchpresse geben oder ganz fein hacken. Eigelb in einer Schüssel mit einem Schneebesen verschlagen. Einen Teelöffel des Öls dazugeben, mit dem Schneebesen verrühren. Sobald sich eine cremige Masse gebildet hat, den nächsten Teelöffel Öl auf die gleiche Art mit dem Ei verschlagen. Mit dem restlichen Öl ebenso verfahren. Zuletzt Safran, Knob-lauch, Salz und Pfeffer zugeben und nochmals gut verrühren.

4 Die Fischbouillon durch ein Sieb in einen Topf geben, die Fischfilets zufügen und 10 min in der Brühe dünsten.

5 Baguettescheiben in einer Pfanne ohne Fett rösten oder toasten. Je zwei Scheiben auf einen Teller legen, den Fisch darauf anrichten und die Bouillon darübergeben. Die Rouille in einem extra Schüsselchen dazu auftragen.

Ratatouille
SÜDFRANZÖSISCHES GEMÜSERAGOUT

1 AUBERGINE

1 GROSSE ODER 2 KLEINE ZUCCHINI

1 DOSE GESCHÄLTE TOMATEN IN STÜCKEN
   (WAHLWEISE 4 FRISCHE RISPENTOMATEN)

1 MITTELGROSSE ZWIEBEL

2 KNOBLAUCHZEHEN

4 EL OLIVENÖL

SALZ

PFEFFER

2 TL GETROCKNETER THYMIAN

2 TL GETROCKNETER MAJORAN

2 TL GETROCKNETES BASILIKUM

2 EL TOMATENMARK

JE 2 EL GEHACKTE FRISCHE PETERSILIE UND
   GEHACKTES FRISCHES BASILIKUM

1 Aubergine und Zucchini waschen. Den Stielansatz abschneiden, der Länge nach halbieren und in ½ bis 1 cm dicke Scheiben schneiden. Den Knoblauch schälen und fein hacken. Die Zwiebel schälen, halbieren und in dünne Scheiben schneiden. Sofern frische Tomaten verwendet werden, diese waschen, halbieren und in Scheiben schneiden, dabei den Stielansatz entfernen.

2 Das Öl in einer tiefen Pfanne oder einem breiten Topf auf mittlerer Flamme erhitzen. Zwiebel und Knoblauch darin anschwitzen (nicht braun werden lassen!), Aubergine und Zucchini zugeben, braten, bis das Gemüse leicht gebräunt ist. Tomaten dazugeben (bei Verwendung von frischen Tomaten zusätzlich 1 Glas Wasser angießen), Tomatenmark, getrocknete Kräuter, Salz und Pfeffer beifügen, alles gut durchrühren. Die Pfanne mit einem Deckel schließen und das Ratatouille ca. ½ Stunde auf kleiner Flamme garen.

3 Das Ragout vor dem Auftragen nochmals kräftig abschmecken und mit den gehackten frischen Kräutern bestreuen. Schmeckt wam und kalt – entweder einfach nur mit frischem Brot oder als Beilage zu gegrilltem Fleisch oder Fisch.

Taboulé

COUSCOUS-SALAT

2 KAFFEEBECHER COUSCOUS (IM SUPERMARKT MEIST IN DER NÄHE VON REIS UND HÜLSENFRÜCHTEN ERHÄLTLICH)

2 KAFFEEBECHER KOCHENDES WASSER

400 G KIRSCHTOMATEN

3 FRÜHLINGSZWIEBELN

2 MINIGURKEN ODER 1 SALATGURKE

SAFT VON 1 ZITRONE

4 EL OLIVENÖL

4 EL FRISCHE GLATTE PETERSILIE, GEHACKT

4 EL FRISCHER KORIANDER, GEHACKT

4 EL FRISCHE MINZE, GEHACKT

1 TL SALZ

½ TL PFEFFER

1 ROMANA-, KOPF- ODER EISBERGSALAT

1 Tomaten und Gurken waschen, abtrocknen und in kleine Würfel schneiden. Wenn eine Salatgurke verwendet wird, die Gurke erst quer, dann längs halbieren und mit einem Löffel die Kern entfernen, dann würfeln. Das Grün der Frühlingszwiebeln auf eine Länge von 10 cm herunterschneiden, Zwiebeln putzen und in feine Ringe schneiden. Kräuter waschen, trockenschütteln, die Blättchen von den Stielen zupfen und fein hacken.

2 Couscous in eine Schüssel geben, mit dem Wasser übergießen und 5 min quellen lassen.

3 Zitronensaft, Olivenöl, Salz und Pfeffer verrühren. Den gequollenen Couscous mit einer Gabel auflockern, Tomaten, Gurken, Zwiebeln und die Zitronensaft-Öl-Mischung unterheben, zuletzt die Kräuter. Alles gut vermischen, nochmals mit Salz und Pfeffer abschmecken und für mindestens zwei Stunden in den Kühlschrank stellen.

4 Den Salat waschen und putzen, in einzelne Blätter zerlegen. Eine Schüssel mit den Salatblättern auslegen oder auf einem großen Teller anordnen, den Salat darauf anrichten und mit Minzblättern garnieren. Kann als eigenständige Mahlzeit oder als Beilage gereicht werden und schmeckt besonders gut mit frischem Fladenbrot.

Nizza – Frankreichs azurblaue Seite

Région Provence-Alpes-Côte d'Azur – Département Alpes-Maritim

SEHENSWERTES in Nizza

Nizza ist einer der mondänsten Orte an der azurblauen Küste (*Côte d'Azur*) des Mittelmeers. Sehen und Gesehenwerden lautet hier das Motto, die Dichte an Sportwagen und Yachten beeindruckt. Aber neben Nobelhotels gibt es mittlerweile auch jede Menge preiswerterer Unterkünfte und Campingplätze. Das macht Nizza und Umgebung zu einem der beliebtesten Urlaubsziele Frankreichs.

Die sonnenverwöhnte Hafenstadt wird von den Hügeln des Estérel-Massivs und den Mercantour-Alpen vor Wind geschützt, und so liegt die durchschnittliche Tageshöchsttemperatur selbst im Winter noch bei 15 Grad Celsius. Wohlhabende Engländer, die im 19. Jahrhundert wegen des milden Klimas die dunkle Jahreszeit in Nizza zu verbringen pflegten, gaben einer der prominentesten Sehenswürdigkeiten der Stadt Gestalt und Namen: Auf der mehr als fünf Kilometer langen *Promenade des Anglais* (dt. „Weg der Engländer") treffen sich Einheimische und Touristen, um unter Palmen dem süßen Nichtstun zu frönen, an einem der sie begleitenden Strände die Sonne anzubeten oder ins türkisfarbene Meer zu tauchen. Der Belle-Époque-Palast mit der Nummer 37 beherbergt eines der bekanntesten Luxushotels der Welt, das *Negresco*. Jedes Zimmer ist in einem anderen Stil der französischen Kunstgeschichte ausgestattet und die Gäste können in der hoteleigenen Sammlung Meisterwerke klassischer und zeitgenössischer Maler bewundern.

Überhaupt war Nizza schon immer Treffpunkt von Künstlern aus aller Welt. Es gibt über 20 städtische Galerien und Museen – darunter ein

IN Nizza WIRD GESPIELT IM ...

Stade de Nice, 35.000 Plätze, eröffnet im September 2013.

NORMALERWEISE IST HIER ZUHAUSE ...

Just Fontaine

der OGC Nizza, viermal Meister und dreimal Pokalsieger (zuletzt 1997, als die Mannschaft gleichzeitig aus der 1. Liga abstieg). Einer der französischen Nationalspieler, die für den OGC Nizza ausliefen, ist Just Fontaine. In 21 Länderspielen schoss er sagenhafte 30 Tore, 13 davon bei der Fußball-Weltmeisterschaft 1958 in Schweden. Nie davor und nie danach erzielte ein Spieler so viele Treffer bei nur einer WM. Allein beim 6:3 im Spiel um den dritten Platz gegen Deutschland war Fontaine viermal erfolgreich.

BEMERKENSWERT ...

Das Stade de Nice ist mit mehr als 4.000 Solarkollektoren ausgerüstet, mit denen ein Mehrfaches des eigenen Energiebedarfs erzeugt werden kann. Außerdem verfügt es über eine Anlage zur Gewinnung von Erdwärme. – Im Stadion ist das Musée National du Sport untergebracht, das 2014 mit rund 45.000 Ausstellungsstücken und 400.000 Dokumenten von Paris an die Côte d´Azur umzog.

Villa Rothschild in Saint-Jean-Cap-Ferrat

man Villa und Garten *Ephrussi de Rothschild* besichtigen, ein imposantes, sieben Hektar großes Anwesen, das eine Tochter des bekannten Pariser Bankiers und Kunstsammlers Alphonse de Rothschild erbauen ließ. Auch die Villa kam durch einen James-Bond-Film zu Berühmtheit: Hier wurden die Innenaufnahmen für das Haus des James-Bond-Gegenspielers Largo in „Sag niemals nie" gedreht.

Westlich von Nizza wartet die Côte d'Azur mit weiteren Sehenswürdigkeiten auf, zum Beispiel dem Picasso-Museum in Antibes, dem modernen, luxuriösen Cannes, der Panoramastraße *Corniche d'Or* zwischen Saint-Raphaël und La Napoule oder den roten Bergen des Estérel-Massivs. – Wer genug vom Trubel hat, fährt ins Hinterland, um romantische Ortschaften, tiefe Schluchten und einsame Wanderwege zu entdecken. Etwas weiter, aber lohnenswert ist der Weg zur Gorges du Verdon (ca. drei Autostunden von Nizza), einem 21 Kilometer langen Canyon, durch den sich in 700 Metern Tiefe der türkisfarbene Fluss Verdon schlängelt.

Matisse- und ein Chagall-Museum – sowie unzählige private Ausstellungsräume und Künstlerateliers. Daneben bezaubern die quirlige Altstadt mit Barockpalästen, Kirchen und bunten Fassaden, enge malerische Gassen, kleine Märkte, Boutiquen, üppiges Grün in Parks und Gärten. Viele Wanderwege beginnen direkt in der Stadt, um im weiteren Verlauf durch beschauliche Oliven- und Feigenhaine zu führen oder der Küstenlinie mit wunderbaren Aussichten auf das glitzernde Meer zu folgen. Das öffentliche Nahverkehrsnetz ist gut ausgebaut, die Preise sind moderat, und mit Bus oder Straßenbahn kommt man schneller voran als mit dem Auto.

AUSFLÜGE

Als James Bond in „Golden Eye" in Monaco die Fährte eines korrupten russischen Generals aufnimmt, liefert er sich zunächst eine atemberaubende Verfolgungsjagd mit einer russischen Agentin auf der *Grande Corniche*, einer der drei serpentinenreichen Klippenstraßen zwischen Menton und Nizza. Alle drei Panoramastrecken – *Corniche Inférieure, Corniche Moyenne und Grande Corniche* – haben ihre besonderen Reize, winden sich in Haarnadelkurven auf mehrere Hundert Meter Höhe und bieten spektakuläre Ausblicke auf das glitzernde Meer, die mediterrane Vegetation, die Berge der Umgebung und die Küstenorte.

Kurz hinter Nizza zweigt von der *Corniche Inférieure* eine Straße nach Saint-Jean-Cap-Ferrat ab, einem beliebten Wohnort der Superreichen. Am Ortseingang kann

Luxus pur – das Negresco in Nizza

Obwohl die Küche Nizzas typisch provenzalisch ist – bodenständige, mediterrane Gerichte aus besten regionalen Zutaten mit viel Olivenöl, Knoblauch und frischen Kräutern –, hat sie doch so viel Eigenart entwickelt, dass sie einen speziellen Namen trägt: *cuisine niçoise* (*cuisine nissarde* im Dialekt, der in Nizza und Umgebung gesprochen wird). Um die traditionellen Rezepte zu bewahren, wurde das Label *Cuisine Nissarde* eingeführt. Nur Restaurants, die nach authentischen Rezepten kochen, sich durch eine außerordentliche Gastfreundschaft auszeichnen und weitere strenge Kriterien erfüllen, die von einer Kommission geprüft werden, dürfen das Schild mit einer Frau in der Tracht Nizzas in ihren Fenstern anbringen. Bekannte lokale Gerichte sind *doba a la nissarda* (Fleischtopf mit Wein und Pilzen), *petits farcis* (gefülltes Gemüse), *raviolis niçoise* (Ravioli mit Fleisch-, Käse- und Mangoldfüllung), *soupo au pistou* (Gemüsesuppe mit Pesto) oder *pissaladière* (eine Art Pizza mit Zwiebeln, Sardellenpaste und Oliven), dazu natürlich Fisch in allen erdenklichen Zubereitungsarten. Auf den Hügeln rund um Nizza wird ein eigener Qualitätswein angebaut (das Weinbaugebiet heißt Bellet). Einzigartig sind die würzigen, aus der Region stammenden schwarzen Cailletier-Oliven, die für den *salade niçoise* verwendet werden.

Genau dieser salade niçoise ist die Spezialität aus Nizza in **Asterix'** Reisegepäck bei seiner Tour de France.

Nizza

Salade niçoise

SALAT MIT OLIVEN UND SARDELLEN AUS NIZZA

1 KOPFSALAT (ODER 2 SALATHERZEN ODER
   1 ROMANA-SALAT)

2 TOMATEN

300 G GRÜNE BOHNEN

1 STAUDENSELLERIE

1 SALATGURKE

2 FRÜHLINGSZWIEBELN

1 GRÜNE PAPRIKASCHOTE

1 DOSE WEISSE ODER ROTE BOHNEN (CA. 200 G)

100 G SCHWARZE OLIVEN OHNE STEIN

4 ANCHOVISFILETS IN ÖL (ES DÜRFEN AUCH MEHR SEIN)

4 HARTGEKOCHTE EIER

2 EL KAPERN

1 KNOBLAUCHZEHE

SAFT ½ ZITRONE

6 EL OLIVENÖL

1 TL SALZ

½ TL PFEFFER

1 Für das Dressing den Zitronensaft mit dem Olivenöl, Salz und Pfeffer gut verrühren. Die Knoblauchzehe schälen, halbieren, zugeben und beiseite stellen.

2 Salat in Blätter zerteilen, waschen, Stielansätze entfernen. Tomaten waschen, in Achtel schneiden. Staudensellerie putzen, auf ca. 15 cm herunter- und dann in ca. ½ cm dicke Scheiben schneiden. Gurke waschen, ebenfalls in ca. ½ cm dicke Scheiben schneiden und diese halbieren. Paprikaschote waschen, halbieren, den Stielansatz entfernen, quer in ca. ½ cm dicke Scheiben schneiden. Frühlingszwiebeln auf ca. 10 cm Länge kürzen, putzen und in ganz dünne Scheiben schneiden. Weiße oder rote Bohnen in einem Sieb abtropfen lassen.

3 Die grünen Bohnen putzen, waschen, dritteln und in kochendem Wasser 4 min blanchieren (sie müssen noch bissfest sein), dann abgießen und einmal unter kaltem Wasser abspülen. In der Zwischenzeit die Eier pellen und vierteln und die Sardellen abgießen.

4 Die Salatblätter in einer flachen Schüssel, einer Auflaufform oder auf einem großen Teller verteilen. Tomaten, Sellerie, Gurken, Paprika, Zwiebeln, die verschiedenen Bohnen, Oliven und Kapern in eine andere Schüssel geben. Knoblauchzehe aus dem Dressing entfernen, Dressing noch einmal durchrühren, über das Gemüse geben und alles vorsichtig vermengen, dann auf die Salatblätter geben.

5 Die Eier und die Anchovisfilets auf dem Salat anrichten. Mit einem gut gekühlten Weißwein und frischem Brot servieren.

Daurade à l'ail

GEGRILLTE DORADE MIT KNOBLAUCH

Für 2 Personen

1 DORADE, GESCHUPPT UND AUSGENOMMEN

1 FENCHELKNOLLE

1 KNOBLAUCHKNOLLE

1 ZITRONE

2 STÄNGEL ROSMARIN

2 STÄNGEL THYMIAN

OLIVENÖL

SALZ, PFEFFER

1 Backofen auf 180° C vorheizen.

2 Fenchelknolle waschen, halbieren und in Scheiben schneiden. Die Knoblauchzehen aus der Knolle brechen, nicht schälen. Mit dem Handballen leicht andrücken. Zitrone waschen, abtrocknen, in Achtel schneiden. Kräuter waschen und trockenschütteln.

3 Dorade waschen, mit Küchenpapier trockentupfen. Innen und außen mit Salz und Pfeffer einreiben. Den Bauch mit 4 Knoblauchzehen füllen.

4 Den Boden einer feuerfesten Form, die die Dorade aufnehmen kann, mit Olivenöl bedecken. Den Fenchel darauf verteilen, die Dorade darauflegen. Restliche Knoblauchzehen, Kräuterzweige und Zitronenachtel in der Form verteilen. Den Fisch großzügig mit Olivenöl begießen.

5 In den Ofen schieben und in ca. 45 min garen.

Tarte à la tomate

TOMATENKUCHEN

1 PACKUNG TIEFKÜHL-BLÄTTERTEIG (450 G, 6 SCHEIBEN)

100 G GERIEBENER KÄSE, Z. B. EMMENTALER, GRANA
    PADANO ODER PARMESAN

3 EL DIJON-SENF

6 RISPENTOMATEN, CA. 700 G

2 TL GETROCKNETER OREGANO ODER KRÄUTER DER
    PROVENCE

SALZ

4 EL OLIVENÖL

QUICHE- ODER SPRINGFORM MIT CA. 25 CM DURCHMESSER

BUTTER FÜR DIE FORM

1 Backofen auf 200° C vorheizen. Backform mit der Butter gut einfetten, auch am Rand.

2 Blätterteig nach Vorschrift auftauen und so ausrollen, dass damit die gesamte Form inklusive des Randes ausgelegt werden kann. Für eine Form von 25 cm Durchmesser reichen dafür 4 der 6 Blätter der Packung (siehe auch Lille: Apfeltorte). Mit einer Gabel mehrfach einstechen und 10 min backen.

3 In der Zwischenzeit Tomaten waschen, abtrocknen und in Scheiben schneiden. Den vorgebackenen Teig gleichmäßig mit dem Senf bestreichen. Den Käse darauf verteilen, die Kräuter darüberstreuen. Die Tomaten darauf anordnen, etwas salzen, mit Olivenöl begießen und weitere 20 min backen.

4 Die Tarte kann, mit einem frischen Salat ergänzt, als eigene Mahlzeit serviert werden, eignet sich aber auch als Snack zu einem Glas Wein oder Bier.

Paris – ein Fest fürs Leben

Hauptstadt Frankreichs – Région Île-de-France – Département Paris

SEHENSWERTES in Paris

„Wenn du das Glück hattest, als junger Mensch in Paris zu leben, dann trägst du die Stadt für den Rest deines Lebens in dir, wohin du auch gehen magst, denn Paris ist ein Fest fürs Leben." Ernest Hemingway ließ die Stadt nicht wieder los: In *Paris – ein Fest fürs Leben* blickt er am Ende seines Lebens zurück auf die Anfänge seiner Schriftstellerkarriere, die an der Seine begann. Sein letzter Roman fängt vieles von dem ein, was den Mythos der Stadt ausmacht – die romantische Stimmung, die Künstler-Clubs und Literaten-Cafés der Bohème, Buchhändler am Flussufer, Nachmittage, verbummelt in Weinbistros, Regen auf nächtlichen Boulevards, und natürlich – die Liebe.

Aber Paris fasziniert nicht nur durch ein besonderes Lebensgefühl. Charme versprüht die Metropole auch mit ihrer architektonischen Pracht, den vornehm-grauen Dächern der monumentalen Bauten im klassizistischen Stil, den großzügigen Boulevards und Avenuen und den vielen Parks. Das geschlossene Stadtbild ist vor allem Ergebnis einer gigantischen Umgestaltung in der zweiten Hälfte des 19. Jahrhunderts. Napoléon III. wollte Paris zu einer weitläufigen Großstadt mit moderner Verkehrsführung und Grünanlagen nach englischem Vorbild umbauen und beauftragte damit den Stadtplaner Baron Georges-Eugène Haussmann, nach dem heute ein mehrere Kilometer langer Straßenzug im 8. und 9. Verwaltungsbezirk *(arrondissement)* benannt ist. Von der Dachterrasse des auf dem *Boulevard Haussmann* gelegenen Kaufhauses *Printemps* hat man einen sehr schönen Blick auf die Stadt.

Die 20 Pariser Arrondisments sind, beginnend im historischen Zentrum, spiralförmig angeordnet,

IN Paris WIRD GESPIELT IM ...

Parc des Princes, 45.000 Plätze, eröffnet im Mai 1972.

NORMALERWEISE IST HIER ZUHAUSE ...

George Weah

der Paris Saint-Germain Football Club (PSG), fünfmal Meister (zuletzt 2013 bis 2015), und zweimal Pokalsieger. Darüber hinaus gewann PSG 1996 den Europapokal der Pokalsieger. Einer der Nationalspieler, die für PSG aufliefen, ist der Liberianer George Weah, der 1995 zum Weltfußballer des Jahres gewählt wurde. Er ist bis heute der einzige mit dieser Auszeichnung bedachte Spieler, der niemals an einer Fußball-WM teilnahm. Das Nationalteam Liberias hat sich in der afrikanischen Ausscheidung für eine Weltmeisterschaft noch nie qualifizieren können.

BEMERKENSWERT ...

Im Stadion Parc des Princes, das seinen Namen dem früher an dieser Stelle gelegenen königlichen Jagdforst verdankt, endete von 1903 bis 1967 die Schlussetappe der Tour de France.

Paris aus der Vogelperspektive

was von den Parisern daher auch *l'escargot* (dt. die Schnecke) genannt wird. Im 1. Arrondisment befinden sich viele der weltbekannten Sehenswürdigkeiten, zum Beispiel der *Louvre*, die Brücke *Pont Neuf*, die *Place Vendôme* mit dem *Hôtel Ritz* oder der *Arc de Triomphe*. Der Triumphbogen ist der Mittelpunkt der *Place de l'Étoile* (frz. *étoile* = Stern), von der aus zwölf der unter Haussmann angelegten Avenuen sternförmig ausgehen, gut zu sehen von der Aussichtsplattform des Gebäudes.

Café de Flore

Jeder Stadtbezirk hat vier Unterbezirke, oft mit ganz eigenem Flair, das sich am besten erkunden lässt, wenn man sich durch die verschiedenen Viertel treiben lässt. Da ist zum Beispiel das *Marais*, wo das Herz der jüdischen Gemeinde schlägt: Mischung aus vornehmen Stadtpalästen und *Stetl*, mit koscheren Feinkostläden, Metzgereien und Bäckereien, mit schicken Boutiquen, Museen und Szenelokalen. Oder *Saint-Germain-des-Prés* und *Montparnasse* am linken Seine-Ufer, legendäres Kunst- und Literatenviertel, in dessen Kult-Lokalen *Café de Flore*, *Deux Magots*, den Brasserien *Lipp* und *La Coupole* oder dem *Procop* Generationen von Bohémiens ein- und ausgingen. Bei mehr als 30 Millionen Touristen im Jahr sind diese Plätze längst keine Geheimtipps mehr, aber sie atmen immer noch die typisch

Schwimmt auf der Seine: das Josephine-Baker-Bad

Pariser Atmosphäre. – Weiter außerhalb gelegene Ausflugsziele wie den Stadtwald _Bois de Boulogne_, einst königliche Jagddomäne, oder den Landschafts-, Kultur- und Wissenschaftspark _La Villette_ erreicht man am besten mit der Métro; Paris hat eines der größten Untergrundbahnsysteme der Welt.

Eine andere reizvolle Perspektive bietet sich von einem der Wassertaxis (_batobus_) aus, die auf der Seine verkehren. Im 13. Arrondisment wartet der Fluss mit etwas sehr Außergewöhnlichem auf: Das Joséphine-Baker-Schwimmbad schwimmt selbst – auf der Seine. Es ist eine Art riesiger Container mit einem 25-Meter-Sport- und einem Nichtschwimmerbecken, hat ein verschließbares Dach und kann so rund um das Jahr genutzt werden.

Ein beliebtes Fortbewegungsmittel bei Einheimischen und Touristen ist mittlerweile auch das Fahrrad. Das öffentliche Verleihsystem _Vélib_ (von _vélo_ = Fahrrad und _liberté_ = Freiheit) startete 2007, zunächst mit 7.500 Rädern. Heute umfasst die Flotte bereits über 20.000 Fahrräder, die man an mehr als 1.700 Stationen im Stadtgebiet und

den umliegenden Gemeinden leihen und wieder abgeben kann. Es eignet sich aufgrund seines Tarifsystems vor allem für die Kurzzeitmiete – zum Beispiel, um von A nach B zu kommen. Viele praktische Informationen zur _Vélib_-Nutzung, aber auch zur klassischen Radvermietung, zu schönen Routen oder Fragen der Verkehrssicherheit findet man im Internet unter dem Stichwort „Radfahren in Paris". – Obwohl an Sonn- und Feiertagen einige der Uferstraßen an der Seine und den Kanälen für Autofahrer gesperrt sind, die Busspuren von Radfahrern mitbenutzt werden dürfen und das Radwegenetz bereits deutlich erweitert wurde – gänzlich ungefährlich ist so eine Stadterkundung im dichten hauptstädtischen Verkehr nicht. Doch die Situation der Radfahrer im täglichen Kampf um ihren Platz auf den Straßen und

Schloss Versailles

Auf dem Stadtfriedhof Père Lachaise

Jahren die Herrschaft übernehmen konnte. Ludwig regierte bis 1715 und ging wegen seines pompösen Auftretens und der Zurschaustellung des luxuriösen Lebensstils seines Hofes als der *Sonnenkönig* in die Geschichte ein. Mit dem Ausbau eines kleinen Jagdhauses in dem vor den Toren von Paris gelegenen Ort Versailles zu einer standesgemäßen Residenz schuf er eine der prunkvollsten Palastanlagen Europas. Zu Ludwigs Zeit diente Schloss Versailles der Demonstration seiner politischen und wirtschaftlichen Macht, es war später Schauplatz geschichtsträchtiger Vertragsabschlüsse und bedeutender historischer Ereignisse wie der Proklamation König Wilhelm I. von Preußen zum deutschen Kaiser Wilhelm I. Heute ist das riesige Gelände eine der meistbesuchten Sehenswürdigkeiten Frankreichs. Neben dem Schloss selbst können die großzügigen Parkanlagen, verschiedene Parkschlösser, Museen und Ausstellungen besichtigt werden. Um Warteschlangen zu vermeiden, empfiehlt sich eine Ticketbuchung im Internet (siehe Adressteil).

Avenuen soll sich in den nächsten fünf Jahren deutlich verbessern: Die Stadtverwaltung will Paris bis 2020 zu einer Modellstadt für Fahrradfreundlichkeit entwickeln. Der *Plan Vélo* sieht vor, das Radwegenetz von derzeit 700 auf dann 1.400 Kilometer Länge auszubauen, Velo-Express-Routen anzulegen, Verkehrsregeln einzuführen, die die Sicherheit von Radfahrern erhöhen, zusätzliche Fahrradparkmöglichkeiten zu schaffen und den Erwerb von E-bikes und Transport-Fahrrädern zu fördern.

Auf eine ganz besondere Art kann man sich der Stadt bei einem Spaziergang auf einem ihrer weitläufigen Friedhöfe nähern. Die großzügig angelegten Flächen mit schattigen Baumreihen und teils monumentalen Grabsteinen sind Oasen in der pulsierenden Großstadt, die Zeugnis geben von der kulturellen Vielfalt ihres Lebens und ihrer Bewohner. Auf dem *Cimetière Père Lachaise* finden sich beispielsweise die Ruhestätten von Honoré de Balzac, Frédéric Chopin, Jim Morrison, Edith Piaf und Oscar Wilde. Auf dem *Cimetière de Montmarte* sind u. a. Heinrich Heine, Jacques Offenbach, Edgar Degas und François Truffaut begraben.

AUSFLÜGE

Ludwig XIV. erbte 1643 als vierjähriger Knabe den französischen Thron. In den ersten Jahren seiner Regentschaft führte der Leitende Minister Jules Mazarin die Regierungsgeschäfte für ihn und unterwies den Heranwachsenden in Politik und Staatsführung, so dass dieser nach dem Tod seines Lehrmeisters im Alter von 22

Arc de Triomphe bei Nacht

In vielen Brasserien und Bistros darf eine Spezialität auf keinen Fall fehlen: *steak-frites* (dt. „Steak und Pommes"), ein Klassiker, der in Frankreich den Status eines Nationalgerichts hat. Bestes Rindfleisch, meist *saignant* (dt. blutig) gebraten, wird mit einer Portion Pommes frites und ein wenig Salat, manchmal mit einer Soße, manchmal mit Butter oder einfach pur serviert. Weitere Klassiker der Bistroküche sind *Croque Monsieur* und *Croque Madame* (die französische Variante des Sandwich, bei dem eine Schinken- und eine Käsescheibe zwischen zwei Toastscheiben gelegt wird, beim *Croque Madame* kommt oben auf den Toast ein Spiegelei), Quiche, Crêpes, Pariser Kartoffeln (kleine Kartoffeln, im Ganzen mit Kräutern gekocht und auf Spießen serviert), *Vichyssoise* (eine Kartoffel-Lauch-Suppe) oder die Pariser Zwiebelsuppe (die man auch gern nach durchzechter Nacht schnell noch zu sich nimmt, um einem Kater vorzubeugen).

Aus Paris bringt **Asterix** Schinken als Spezialität von seiner Tour de France mit.

Paris

Soupe à l'oignon
ZWIEBELSUPPE

4 GEMÜSEZWIEBELN, CA. 800 G

2 EL BUTTER

4 EL OLIVENÖL

1 EL ZUCKER

2 EL ROT-ODER WEISSWEINESSIG

4 EL MEHL

100 ML SHERRY

250 ML WEISSWEIN

750 ML BRÜHE (AUS BRÜHPULVER ODER -WÜRFELN)

4 SCHEIBEN BAGUETTE ODER WEISSBROT

1 KNOBLAUCHZEHE

4 EL GERIEBENER KÄSE (Z. B. EMMENTALER ODER PARMESAN)

2 EL FRISCHE PETERSILIE, GEHACKT

1 Die Zwiebeln schälen, halbieren und in dünne halbe Ringe bzw. Scheiben schneiden.

2 2 EL Olivenöl und die Butter in einem Topf auf großer Flamme erwärmen, bis das Fett anfängt, kleine Blasen zu bilden. Zwiebeln zugeben, unter Rühren ca. 5 min schmoren, Hitze reduzieren und weitere 15 min dünsten, dabei ab und zu umrühren. Die Zwiebeln dürfen nicht braun werden.

3 Zucker zugeben und 3 min rühren. Mit Essig ablöschen. Mehl überstäuben, mit Sherry, Weißwein und Brühe auffüllen, einmal aufkochen, dann die Hitze reduzieren und unter ständigem Rühren auf kleiner Flamme weitere 10 min köcheln.

4 Beim Servieren wird die Suppe über geröstete Knoblauchbrote gegossen. Dafür die Knoblauchzehe durch eine Knoblauchpresse geben, mit 2 EL Olivenöl verrühren und die Brote damit bestreichen. Den geriebenen Käse gleichmäßig auf die Brote verteilen und sie anschließend im Backofen (vorgeheizt auf ca. 200° C, oder unter dem Backofengrill) überbacken, bis sie braun sind.

5 Je eine Scheibe Brot in einen Suppenteller legen. Die Suppe darübergießen. Mit Petersilie bestreuen und sehr heiß auftragen.

Steak au poivre
PFEFFERSTEAK

4 RUMPSTEAKS, JEDES CA. 200 G

ÖL MIT HOHER SIEDETEMPERATUR ZUM BRATEN (Z. B.
  SONNENBLUMEN- ODER RAPSÖL)

50 G BUTTER

SALZ, SCHWARZER PFEFFER

2 EL GRÜNER PFEFFER

4 EL COGNAC

3 EL SCHLAGSAHNE

1 EL CRÈME FRAÎCHE

1 Fleisch ca. 30 min vor der Zubereitung aus dem Kühlschrank nehmen, damit es bei Zimmertemperatur verarbeitet werden kann.

2 Fleisch waschen, mit Küchenpapier trockentupfen. Rumpsteak hat einen Fettrand; diesen längs mehrfach einschneiden, damit sich das Fleisch während des Bratens nicht wölbt (nur den Fettrand einschneiden, nicht das Fleisch, sonst tritt beim Braten Fleischsaft aus und das Steak wird trocken).

3 Einen Pfannenboden gut mit Öl bedecken, bei starker Hitze heiß werden lassen. Die Steaks hineingeben und auf der ersten Seite braten, bis sich eine braune Kruste gebildet hat (ca. 3 bis 4 min). Wenden, auch von der anderen Seite so lange braten. Anschließend mit Salzstreuer und Pfeffermühle salzen und pfeffern. Warm halten, z. B. im auf 50° C vorgeheizten Backofen.

4 Butter in der Pfanne schmelzen. Die grünen Pfefferkörner hinzugeben, einmal durchrühren und mit dem Cognac ablöschen.

5 Sahne und Crème fraîche mit einem Schneebesen unterrühren, gut verschlagen, Salz zugeben, aufkochen und 1 bis 2 min kochen lassen.

6 Zum Servieren die Soße über die Steaks geben. Das Gericht wird traditionell mit Pommes frites angeboten.

Potage Parmentier
KARTOFFEL-LAUCH-SUPPE NACH ANTOINE PARMENTIER

Antoine Auguste Parmentier, Pariser Pharmazeut, Lebensmittelchemiker und Agronom, verfasste im 18. Jahrhundert mehrere Abhandlungen über die Kartoffel und ihre Bedeutung für die Ernährung und trug wesentlich zu ihrer Verbreitung in Frankreich bei.

500 G MEHLIG KOCHENDE KARTOFFELN

3 STANGEN LAUCH

750 ML WASSER

4 TL GEMÜSEBRÜHE-PULVER

SALZ

PFEFFER

½ BECHER SCHLAGSAHNE (100 G)

2 EL BUTTER

4 SCHEIBEN WEISSBROT

1 BUND KERBEL

1 Kartoffeln schälen, waschen und vierteln. Lauch waschen, den grünen Teil abschneiden und den weißen Teil in feine Ringe schneiden. Kerbel waschen, trockenschütteln und die Blättchen von den Stielen zupfen.

2 Brühpulver und Wasser in einen Topf geben, zum Kochen bringen. Kartoffeln und Lauch dazugeben, aufkochen, nach Geschmack salzen und pfeffern und auf kleiner Flamme ca. 30 min zugedeckt köcheln lassen.

3 In der Zwischenzeit das Weißbrot in ca. 2 mal 2 cm große Stücke schneiden. Die Butter bei mittlerer Hitze schmelzen, die Weißbrotwürfel darin bräunen.

4 Die Suppe nach Ende der Kochzeit pürieren, Sahne zugeben und nochmals erhitzen, ohne sie jedoch kochen zu lassen. Mit Salz und Pfeffer abschmecken.

5 Vor dem Servieren mit einigen Blättern Kerbel bestreuen.

Paris — Brest

WINDBEUTELRINGE MIT NOUGATCREME

Es heißt, dieses Gebäck wurde zu Ehren des 1891 erstmalig ausgetragenen historischen Radmarathons PBP (Paris – Brest – Paris) erfunden. Der 1.200 km lange Rundkurs zwischen Paris und der Hafenstadt in der Bretagne wird heute immer noch regelmäßig gefahren. – Die Brandteigringe sollen Fahrradreifen symbolisieren.

Teig

250 ML WASSER

75 G BUTTER

¼ TL SALZ

1 TL ZUCKER

150 G MEHL

4 EIER

30 G MANDELBLÄTTCHEN

Nougatcreme

500 ML MILCH

125 G ZUCKER

1 PÄCKCHEN VANILLEZUCKER

1 ½ PÄCKCHEN PUDDINGPULVER (VANILLE- ODER SAHNEGESCHMACK)

3 EIER

100 G NOUGAT (AUS DEM BACKZUTATEN-REGAL)

ETWAS PUDERZUCKER ZUM BESTÄUBEN

1 Backofen auf 180° C vorheizen. Ein Backblech mit Backpapier auslegen.

2 Für den Teig (einen sogenannten Brandteig) Wasser, Butter, Salz und Zucker in einem Topf zum Kochen bringen. Hitze etwas reduzieren, das Mehl hinzufügen und so lange kräftig unterrühren, bis sich ein Kloß gebildet hat und am Topfboden eine weißliche Schicht zu sehen ist. Vom Herd nehmen und die Eier eines nach dem anderen einarbeiten. In einen Spritzbeutel oder einen Teigportionierer füllen. Dicke Ringe von ca. 10 cm Durchmesser auf das Backpapier spritzen. Ist keine Spritzvorrichtung zur Hand, kann man den Teig auch mit Hilfe von zwei Teelöffeln portionieren und in Form bringen; wichtig ist, dass Ringe mit einem Loch in der Mitte entstehen, damit sie Fahrradreifen ähneln.

3 Mandelblättchen aufstreuen, das Blech in den Ofen schieben und 20 min backen. Den Ofen zwischendurch nicht öffnen, sonst fällt das Gebäck zusammen.

4 Zwischenzeitlich die Creme bereiten: Milch mit dem Vanillezucker erwärmen und Nougat darin schmelzen. Eier mit Zucker schaumig schlagen, das Puddingpulver dazugeben und gut unterrühren. In die Milchmischung geben und unter ständigem kräftigen Schlagen ca. 3 min kochen. Vom Herd nehmen und gegebenenfalls weiter schlagen, bis keine Klümpchen mehr in der Creme sind. Abkühlen lassen.

5 Windbeutelringe quer aufschneiden, untere Hälfte mit der Creme füllen, obere Hälfte aufsetzen und mit Puderzucker bestäuben.

Saint-Denis – Wiege der Gotik

Région Île-de-France – Département Seine-Saint-Denis

Die Île-de-France (dt. Frankreichs Insel) wird von den Flüssen Seine, Marne, Oise und Beuvronne fast vollständig umgeben – wie eine Insel. Die Region, zu der auch Saint-Denis gehört, umfasst Paris und das Gebiet rund um die französische Hauptstadt. Hier schlägt das historische Herz des Landes; der Distrikt war seit dem 5. Jahrhundert fast durchgängig das politische Zentrum des Frankenreiches, aus dessen westlichem Teil später das heutige Frankreich entstand. Das französische Kernland befand sich jahrhundertelang im direkten Besitz der Krone, die damals eng mit der Kirche verbunden war. Daher finden sich im Umland von Paris viele geschichtsträchtige Städte und Gemeinden, prunkvolle Schlösser, elegante Parks und prächtige Kirchen.

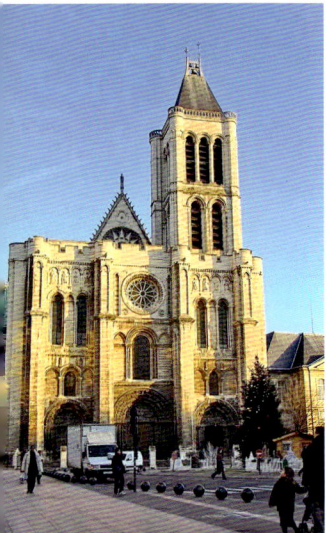

Kathedrale von Saint-Denis

SEHENSWERTES in Saint-Denis

Die Kathedrale von Saint-Denis gilt als eines der weltweit schönsten Bauwerke der Gotik und ist bereits seit 1862 denkmalgeschützt. Sie wird als Wiege der Gotik betrachtet, da hier im 12. Jahrhundert erstmals spitzbogige Kreuzrippengewölbe entstanden, später ein typisches Erkennungsmerkmal der gotischen Architektur. Seit dem 10. Jahrhundert wurden so gut wie alle großen französische Könige und Königinnen in der Kathedrale beigesetzt.

Die Stadt, seit den 1950er Jahren Teil der Pariser *banlieue* (dt. Vorort oder Bannmeile), prägen heute Metall- und Automobilindustrie und sozialer Wohnungsbau. Ihr Name ist Flohmarkt-Liebhabern bestens vertraut: Der MAP (*Marché Aux Puces*),

IN **Saint-Denis** WIRD GESPIELT IM …

Stade de France, 80.000 Plätze, eröffnet im Januar 1998.

NORMALERWEISE IST HIER ZUHAUSE …

die französische Nationalmannschaft, denn genau wie im Londoner Wembley-Stadion trägt im Stade de France kein Vereinsteam seine Meisterschaftsspiele aus. Nach der Weltmeisterschaft 1998 wird mit dem Finale im Juli 2016 wieder ein großes Fußballturnier in Saint-Denis zu Ende gehen.

BEMERKENSWERT …

Nicht nur eine Fußball-WM hatte hier ihr Endspiel, sondern auch das Finale einer Rugby-Weltmeisterschaft fand im Stade de France statt. 2007 gewann Südafrika mit 15:6 gegen England, das an gleicher Stelle im Halbfinale die Gastgeber ausgeschaltet hatte.

Der französische Rekordnationalspieler Lilian Thuram

Die Concorde, erstes Überschall-Passagierflugzeug der Welt

größter Antiquitäten- und Second-Hand-Markt der Welt, öffnet samstags, sonntags und montags. Antike Möbel, Gemälde, alte Vinylscheiben, Poster oder Spielwaren – hier gibt es nichts, was es nicht gibt.

Auf dem in der Nähe von Saint-Denis gelegenen Flughafen Le Bourget landete der amerikanische Pilot Charles Lindbergh am 21. Mai 1927 nach seinem Nonstop-Flug von New York nach Paris, der als erste Atlantiküberquerung in die Geschichte der Luftfahrt einging. Mit der Eröffnung von Paris-Orly im Jahr 1932 verlor Le Bourget zunehmend an Bedeutung und dient mittlerweile nur noch dem Geschäftsverkehr. Anziehungspunkt auf seinem Gelände ist jedoch noch immer das französische Museum für Luft- und Raumfahrttechnik (*Musée de l'Air et de l'Espace*), das bereits 1919 gegründet wurde. Hier sind unter anderem zwei Concorde-Flugzeuge zu sehen. Die Concorde war das erste Überschall-Passagierflugzeug der Welt, dessen Betrieb im Nachgang zu dem verheerenden Startunfall im Jahr 2000 in Paris von den beiden europäischen Betreibern *Air France* und *British Airways* eingestellt wurde.

AUSFLÜGE

Die tapferen Gallier Asterix, Obelix, Majestix und ihre Gefährten nehmen es 40 Kilometer nordöstlich von Paris einmal nicht mit den Römern oder Kleopatra auf, sondern mit den Amerikanern: Der *Parc Asterix* bildet das französische Freizeitpark-Pendant zu *Disneyland Paris*. Hinkelsteine, Zaubertrank und Idefix – alles da und ergänzt um rasante Achterbahnen, familienfreundliche Fahrgastgeschäfte, Spielplätze und wechselnde Shows.

Zu Gast bei den unbeugsamen Galliern im Parc Asterix

„Warum hat man mich siebenmal nach Versaille geführt und niemals hierher?", soll der damalige US-Präsident Richard Nixon bei seinem Besuch auf Schloss Chantilly 1968 geäußert haben. Die Anlage, ebenfalls im Norden von Paris, wurde besonders durch ihre Parks, ihr Gestüt und ihre 1834 eingeweihte Belle-Époque-Rennbahn bekannt. Das stets am ersten Samstag im Juni ausgetragene Galopprennen *Prix du Jockey Club* ist nach dem *Prix de l'Arc de Triomphe* das am zweithöchsten dotierte Pferderennen Frankreichs.

Schloss Chantilly

An Chantilly kommt man auch vorbei, wenn man die Île-de-France auf eher ungewöhnliche Weise erschließen möchte: Der *GR®1*, einer der großen Wege des europäischen Fernwanderwegenetzes *Grande Randonnée*, führt rings um die französische Hauptstadt. Der gesamte Rundweg (ca. 570 Kilometer) gliedert sich in 24 Etappen von unterschiedlicher Länge, auf denen man unter anderem die großen Pariser Wälder wie den *Bois du Boulogne* oder den Wald von Fontainebleau mit dem gleichnamigen Schloss passiert, den Fluss Marne oder die Stadt Meaux, weltbekannt für ihren Käse *Brie de Meaux*.

Die Île-de-France grenzt im Westen an die Region Champagne-Ardennes, in der der größte Teil der historischen Landschaft der Champagne liegt. Die wiederum ist berühmt für das nach ihr benannte edle Getränk, das die dortigen Winzer vorwiegend aus den Rebsorten Pinot noir, Pinot meunier und Chardonnay keltern. Champagner wird nach der sogenannten *méthode champenoise* (dt. Champagnermethode) hergestellt, nach der überall auf der Welt Schaumwein produziert wird. Aber nur der französische aus dem eng begrenzten Weinbaugebiet der *Appellation d'Origine Contrôlée Champagne* darf den berühmten Namen tragen. Entlang verschiedener Champagner-Routen (*Route Touristique du Champagne,* siehe Adressteil) kann man prominente Champagner-Häuser wie Heidsieck, Krug, Moët & Chandon oder Bollinger kennenlernen. – Eine kulinarische Spezialität der Gegend ist der in Champagner gegarte Hecht (frz. *brochet braisé au Champagne*).

Saint-Denis

Rillettes de thon

BROTAUFSTRICH AUS THUNFISCH

1 DOSE THUNFISCH IN OLIVENÖL (ABTROPFGEWICHT 125 BIS 150 G)

2 EL CRÈME FRAÎCHE

1 EL DIJON-SENF

1 EL FRISCHER SCHNITTLAUCH, GEHACKT

SALZ

PFEFFER

FRISCHES BROT (ES EIGNEN SICH SOWOHL BAGUETTE- ODER ANDERES WEISSBROT ALS AUCH DUNKLE SORTEN)

1 Thunfischbüchse öffnen und das Öl ablaufen lassen. Thunfisch dann in eine Schüssel geben und mit einer Gabel zerpflücken.

2 Alle anderen Zutaten dazugeben und alles zu einer homogenen Creme verrühren. Mit Salz und Pfeffer kräftig abschmecken. Für mindestens 30 min in den Kühlschrank stellen.

3 Den Aufstrich in ein kleines Förmchen oder eine kleine Schüssel füllen und mit dem frischen Brot auftragen.

Salade aux champignons
SALAT MIT CHAMPIGNONS

1 KOPF FRISÉESALAT

1 HANDVOLL FELDSALAT

200 G SEHR FRISCHE CHAMPIGNONS (WEISS ODER
  BRAUN ODER GEMISCHT)

2 EL BUTTER

1 KNOBLAUCHZEHE

8 SCHEIBEN FRÜHSTÜCKSSPECK (BACON)

2 SCHEIBEN WEISSBROT

1 EL AROMATISCHER ESSIG (Z. B. HIMBEERESSIG;
  WEISS- ODER ROTWEINESSIG IST AUCH
  GEEIGNET)

5 EL NEUTRALES ÖL (Z. B. RAPSÖL)

2 EL WASSER

½ TL ZUCKER

1 GESTRICHENER TL SALZ

½ TL SCHWARZER PFEFFER

2 HARTGEKOCHTE EIER,
  HALBIERT (ZUM GARNIEREN)

1 Salat waschen und trockenschütteln (oder in einer Salatschleuder trocknen). Knoblauch schälen und halbieren. Champignons säubern und in Scheiben schneiden. Brot in Würfel von ½ cm Kantenlänge schneiden.

2 Butter bei mittlerer Hitze in einer Pfanne schmelzen, dabei nicht braun werden lassen. Den Knoblauch zugeben und 2 bis 3 min dünsten. Den Frühstücksspeck zugeben und auslassen, bis er braun und knusprig ist. Dabei darauf achten, dass der Knoblauch nicht verbrennt (gegebenenfalls einfach aus der Pfanne nehmen). Den Speck aus der Pfanne nehmen, die Brotwürfel in die Pfanne geben und unter ständigem Rühren bräunen. Falls nötig, noch ein wenig Butter hinzugeben.

3 Aus Essig, Öl, Wasser, Zucker und Gwürzen ein Dressing rühren.

4 Den Salat und die Pilze auf vier Teller verteilen. Ungefähr ⅔ der Salatsauce mit einem Löffel darübergeben. Die Brotwürfel darüberstreuen, je zwei Speckstreifen und ½ Ei kreuzweise darauf arrangieren, die restliche Salatsauce darüberträufeln und mit Pfeffer aus der Mühle überstreuen. Mit frischem Brot und einem kühlen Weißwein servieren.

Assortiment de fromages français

FRANZÖSISCHE KÄSEPLATTE

Käse gehört zu den französischen Nationalspeisen. Zusammen mit Brot und Wein bildet er eine einfache und doch geniale Kombination, die in unzähligen Variationen überraschen kann – je nachdem, welchen Käse man wählt, mit welchem Brot man ihn serviert und welchen Wein man dazu öffnet.

Unterschiedliche Quellen sprechen von 300 bis 1.000 verschiedenen Sorten, die in Frankreich produziert werden. Dabei hat jede Region ihre Spezialitäten (oft – wie Wein – mit der Herkunftsbezeichnung AOC geschützt), von denen man heute viele auch in deutschen Supermärkten finden kann.

Rechnen Sie pro Person mit 130 bis 150 g Käse, wenn Sie die Käseplatte als eigenständige Mahlzeit servieren wollen. Als Dessert reichen 50 bis 100 g pro Person. In der Auswahl sind Ihnen keine Grenzen gesetzt. Nehmen Sie, was an der Käsetheke Ihres Supermarktes an französischem Käse angeboten wird und was die Käseplatte abwechslungsreich macht. Mischen Sie also zum Beispiel Kuh-, Schafs- und Ziegenmilchkäse, Hart- und Weichkäse und Käse mit unterschiedlicher Geschmacksintensität.

Auswahl bekannter französischer Käsesorten:

BREBIS D'ARGENTAL – WEICHKÄSE AUS SCHAFSMILCH AUS DER RHÔNE-ALPES

BRIE – WEICHKÄSE AUS KUHMILCH AUS ÎLE-DE-FRANCE

CAMEMBERT – WEICHKÄSE AUS KUHMILCH AUS DER NORMANDIE

CANTAL – ROHMILCHKÄSE AUS KUHMILCH AUS DER AUVERGNE

CHEVRE D'ARGENTAL – WEICHKÄSE AUS ZIEGENMILCH AUS DER RHÔNE-ALPES

COMTÉ – ROHMILCH-HARTKÄSE AUS KUHMILCH AUS FRANCHE-COMTÉ

FROMAGE D'AFFINOIS – WEICHKÄSE AUS KUHMILCH AUS DER RHÔNE-ALPES

GRÈS DES VOSGES – WEICHKÄSE AUS KUHMILCH AUS DEM ELSASS

MORBIER – HALBFESTER SCHNITTKÄSE AUS KUH-ROHMILCH AUS FRANCHE-COMTÉ

PICANDOU – ROHMILCHKÄSE AUS ZIEGENMILCH AUS DEM PÉRIGORD

REBLOCHON – HALBFESTER SCHNITTKÄSE AUS KUHMILCH AUS SAVOYEN

ROQUEFORT – BLAUSCHIMMEL-SCHAFSKÄSE AUS MIDI-PYRÉNÉES

Saint-Étienne – Tanz auf dem Vulkan

Région Rhône-Alpes (ab 2016 Rhône-Alpes-Auvergne) – Département Loire

SEHENSWERTES in Saint-Étienne

Ein Fußballspiel, das vor fast 40 Jahren stattfand, liefert heute noch Gesprächsstoff in Saint-Étienne – weil es so knapp zuging damals und weil es der ganz große Höhepunkt in der Geschichte des AS Saint-Étienne (in Frankreich kurz: l'*ASSE*) hätte werden können. Im Mai 1976 spielten *les Verts* (dt. die Grünen, nach den Mannschaftsfarben Grün und Weiß) im Finale des Europacups der Landesmeister in Glasgow gegen den FC Bayern München. L'ASSE verlor nach

Aussichtsturm in der Cité du Design

je einem Innenpfosten- und Lattenschuss unglücklich 0:1. Der Verein genießt seither ungebrochene Popularität, sogar über die Grenzen Frankreichs hinaus; viele Jahre später benannte sich beispielsweise eine englische Band nach dem Klub.

Saint-Étienne, bereits im Mittelalter für die Produktion von Jagd- und Kriegswaffen bekannt, erfuhr besonderen wirtschaftlichen Aufschwung während der industriellen Revolution. Seit Mitte des letzten Jahrhunderts hingegen litt die Stadt wie viele von Bergbau und Industrie geprägte Regionen Europas unter der Stilllegung der Kohlezechen und der Industriekrise. Die Aufnahme in das UNESCO-Programm *Creative Cities* als Exzellenz-Zentrum für Design im Jahr 2010 markierte einen wichtigen Schritt innerhalb der strategischen Umgestaltung der Stadt. Heute bilden die restaurierten Gebäude der ehemaligen Königlichen Waffenmanufaktur das Herzstück der *Cité du design* (dt. Stadt des Designs), ergänzt um zeitgenössische Bauten wie *La Platine* (eine Ausstellungshalle in Form einer gigantischen Leiterplatte) oder *La Tour*

IN Saint-Étienne WIRD GESPIELT IM ...

Stade Geoffroy Guichard, 42.000 Plätze, eröffnet im September 1931.

NORMALERWEISE IST HIER ZUHAUSE ...

der AS Saint-Étienne, zehnmal Meister (darunter zwei Titel-Hattricks) und sechsmal Pokalsieger. Einer der französischen Nationalspieler, die für *les Verts* aufliefen, ist Michel Platini. Dem Europameister von 1984, dreifachen Europa-Fußballer des Jahres (1983 bis 1985) und jetzigem UEFA-Präsidenten blieb es versagt, Weltmeister zu werden. 1982 und 1986 scheiterten die Franzosen mit Platini als Kapitän jeweils im Halbfinale an Deutschland – einmal unglücklich im Elfmeterschießen und einmal als deutlich überlegenes Team.

Michel Platini

BEMERKENSWERT ...

Das Stade Geoffroy Guichard, das von den Fans *Le Chaudron* (Hexenkessel) genannt wird, erinnerte bis zu seinem Umbau für die EM mit seinen bislang vier Einzeltribünen an ein englisches Stadion. Nun sind die vier ehemals offenen Ecken geschlossen worden.

d'Observation (ein 32 Meter hoher Aussichtsturm). Mit verschiedenen Unternehmungen, Lehr- und Ausstellungseinrichtungen und Veranstaltungsorten entstand ein Zentrum für Kreativität, Forschung und Bildung rund um das Thema Gestaltung, das in den Alltag hineinwirkt. Die Stadt hat beispielsweise einen Wettbewerb ins Leben gerufen, der Geschäftsleute und Handwerker für die besonders kreative Einrichtung ihrer Läden auszeichnet. Das Label *Hôtel D* erhalten Hotels, die bei der Ausstattung ihres Hauses mit der *Cité du design* kooperieren.

AUSFLÜGE

Saint-Étienne liegt am Ostrand des *Massif Central,* einem Mittelgebirgszug vulkanischen Ursprungs im südlichen Frankreich. Knapp östlich der Stadt beginnt der *Parc naturel régional du Pilat.* Der Naturpark gliedert sich in fünf verschiedene eigenständige Landschaften, die sowohl vom kontinentalen Klima im Westen als auch vom mediterranen Klima im Osten geprägt sind; hinzu kommt die alpine Zone in der Gipfelregion des Mont Pilat. Das führt zu einer außerordentlichen Vielfältigkeit an Lebensräumen, Vegetation und Fauna, die der Besucher auf Wanderwegen, mit dem Rad oder per Kanu erkunden kann. Der Park fördert unter anderem die regionale Landwirtschaft, und so gibt es in den kleinen, ursprünglichen Dörfern des *Pilat* typische Spezialitäten, Weine oder Obst zu verkosten.

Einsichten in die vulkanische Geografie des Zentralmassivs erlangt, wer über Le-Puy-en-Velay nach Clermont-Ferrand fährt (insgesamt gut 200 Kilometer). Im Stadtbild von Le Puy fallen schon von Weitem zwei Basaltkuppen (frz. *puy*) ins Auge, ehemalige Vulkanschlote. Auf einem von

Der erloschene Vulkan Puy de Dôme bei Clermont-Ferrand

ihnen thront die Kirche *Saint-Michel d'Aguilhe* (dt. Heiliger Michael auf der Nadel), auf dem anderen die Bronzestatue *Notre-Dame-de-la-France,* für deren Herstellung Kanonen eingeschmolzen wurden, die die Franzosen während des Krimkriegs 1855/56 in Sewastopol erbeutet hatten. Die Kathedrale von Le-Puy-en-Velay, ein romanischer Bau mit orientalischen Einflüssen, ist Ausgangspunkt der *Via Podiensis,* eines der vier französischen Jakobswege, also der Pilgerwege, die zum Wallfahrtsort Santiago de Compostela im spanischen Galicien führen.

Der *Puy de Dôme,* ein 1.465 Meter hoher erloschener Vulkan, überragt die Stadt Clermont-Ferrand. Von seinem Gipfel genießt man einen einzigartigen Rundblick auf die umliegende Bergkette *Chaîne de Puys.* Sie besteht aus ungefähr achtzig inaktiven Vulkanen, die sich auf ca. 60 Kilometern von Nord nach Süd erstrecken und zum Naturpark *Parc naturel régional du Volcans d'Auvergne* gehören. Zu Fuß dauert der Aufstieg auf den *Puy de Dôme* ungefähr eine Stunde, er kann aber auch bequem mit einer Zahnradbahn erreicht werden. Oben angekommen, führen zahlreiche Wanderwege rund um den Gipfel. Mitten im Park liegt nahe der Gemeinde Saint-Ours-de-Roches *Vulcania,* ein Themenpark rund um den Vulkanismus.

In der Auvergne entspringen zahlreiche Mineral- und Quellwasser, von denen *Volvic* vielleicht das bekannteste ist. Die Volvic-Quelle liegt direkt unter dem *Puy de Dôme*, der Vulkan ist auf dem Etikett jeder Volvic-Flasche abgebildet, und das Abfüllwerk in der Gemeinde Volvic bietet Besichtigungen an. Aber auch Geistreicheres hat die Region zu bieten: Aus Grenoble im Nordosten der Rhône-Alpes stammt der *Chartreuse*, ein Kräuterlikör in grüner oder gelber Variante, der dort seit dem frühen 17. Jahrhundert hergestellt wird. In Le-Puy-de-Velay destilliert man ebenfalls einen berühmten Kräuterlikör, den *Verveine du Velay*, dem Zitronenverbene seinen typischen Geschmack gibt. – Le Puy ist außerdem bekannt für die gleichnamigen grünen Linsen, die dank der günstigen klimatischen Bedingungen im Anbaugebiet spezielle Eigenschaften aufweisen, zum Beispiel eine Garzeit, die gegenüber der für herkömmliche Linsen um die Hälfte verkürzt ist.

Saint-Étienne

Pantranque auvergnate
KÄSEPFANNKUCHEN AUS DER AUVERGNE

500 G ALTBACKENES WEISSBROT

250 ML MILCH, LAUWARM

300 G ROHMILCHKÄSE, Z.B. TOMME,
EMMENTALER, GREYERZER ODER PARMESAN

100 G BUTTER

PFEFFER

1 Brot in ganz kleine Würfel schneiden, in einer Schüssel mit der Milch übergießen und 30 min stehen lassen.

2 Käse in kleine Würfel schneiden.

3 Brot in einem Sieb abgießen, dabei die Milch so weit wie möglich herauspressen. Mit dem Käse vermengen und kräftig mit Pfeffer würzen.

4 Butter in einer Pfanne auf mittlerer Flamme schmelzen. Wenn sie heiß ist, den Brot-Käse-Teig hineingeben. Mit einem Löffel zu einem Pfannkuchen drücken, der die gesamt Pfanne ausfüllt.

5 Nach ca. 5 min (wenn der Käse anfängt zu schmelzen) den Pfannkuchen wenden und von der anderen Seite bräunen lassen.

6 Auf einen Teller gleiten lassen, mit einem frischen Salat und einem kräftigen Rotwein servieren.

Salade aux asperges et lentilles
SPARGEL-LINSEN-SALAT

500 G WEISSER SPARGEL

500 G GRÜNER SPARGEL

1 TL SALZ

½ TL ZUCKER

1 EL BUTTER

1 TL ZITRONENSAFT

250 G KIRSCHTOMATEN

1 BUND RUCOLA

250 G LENTILLES DU PUY*, NACH VORSCHRIFT IN
GEMÜSEBRÜHE GEGART

Dressing

2 EL WEISSER BALSAMICO-ESSIG

8 EL OLIVENÖL

2 EL WASSER

1 TL PUDERZUCKER

1 TL SALZ

½ TL PFEFFER

1 Den Spargel gründlich waschen und schälen (grüner Spargel hat eine feinere Schale als weißer, er muss im Gegensatz zum weißen daher meist nur im unteren Drittel geschält werden). In ca. 3 cm lange Stücke schneiden.

2 In einem großen Topf ausreichend Wasser mit Salz, Zucker, Butter und dem Zitronensaft zum Kochen bringen, den Spargel hinzugeben, Hitze reduzieren und in ca. 20 min garen.

3 In der Zwischenzeit Tomaten waschen, abtrocknen und halbieren, Rucola waschen und trockenschütteln.

4 Aus Essig, Öl, Wasser, Zucker und Gewürzen das Dressing rühren.

5 Spargel abgießen und etwas abkühlen lassen, bis er lauwarm ist. Mit den Tomaten, den Linsen und dem Rucola in einer Schüssel vermengen, das Dressing unterheben. Schmeckt mit frischem Brot und einem leichten Weiß- oder Roséwein.

*Lentilles de Puy ist eine grüne Linsenart, die sich durch eine besonders kurze Garzeit auszeichnet. Kann durch andere Linsen ersetzt werden. Wichtig ist, dass sie jeweils nach auf der Packung angegebener Anleitung gekocht werden, und dass statt Kochwasser Gemüsebrühe verwendet wird.

Savarin aux fraises et Chantilly
NAPFKUCHEN MIT ERDBEEREN UND SAHNE

Teig

300 G MEHL

150 G PUDERZUCKER

3 EIER

50 G BUTTER

100 ML MILCH

1 PÄCKCHEN TROCKENHEFE

2 PRISEN SALZ

Sirup

100 ML WASSER

100 G PUDERZUCKER

100 ML AMARETTO

Füllung

1 BECHER CRÈME FRAÎCHE (200 G)

1 BECHER SCHLAGSAHNE (200 G)

1 PRISE SALZ

1 PÄCKCHEN VANILLEZUCKER

1 KG ERDBEEREN

2 EL AMARETTO

**RINGFORM (SAVARIN, NAPFKUCHEN-
ODER GUGELHUPF-FORM),
CA. 26 CM DURCHMESSER**

1 Mehl mit der Trockenhefe mischen.

2 Eier trennen. Eiweiß in einer Schüssel beiseite stellen, Eigelb und Puderzucker mit einem Handmixer oder einem Rührbesen schaumig schlagen.

3 Milch und Butter in kleinen Stückchen in einen Topf geben und leicht erwärmen (nicht kochen!), bis die Butter schmilzt. Vom Herd nehmen und abkühlen lassen, so dass die Mischung lauwarm ist.

4 Milch-Butter-Mischung unter das geschlagene Eigelb rühren, das Mehl und 1 Prise Salz dazugeben, zu einem glatten Teig verrühren.

5 Eiweiß mit 1 Prise Salz steif schlagen, unter den Teig heben.

6 Die Form mit Butter gut einfetten, den Teig heineingeben, mit einem Geschirrtuch zudecken und 20 min gehen lassen. Backofen zwischenzeitlich auf 200° C vorheizen, dann den Kuchen in den Ofen schieben und 25 min backen.

7 Erdbeeren waschen, putzen, halbieren und mit dem Amaretto marinieren. Crème fraîche und Schlagsahne mit Vanillezucker und Salz steif schlagen.

8 Kuchen aus dem Ofen nehmen, ca. 5 min auskühlen lassen, aus der Form nehmen, vollständig abkühlen lassen.

9 In der Zwischenzeit den Sirup bereiten: Zucker und Wasser aufkochen und so lange rühren, bis sich der Zucker aufgelöst hat. Amaretto hinzufügen, etwas abkühlen lassen. Den Savarin zurück in seine Form geben, mehrfach mit einem Holz- oder Schaschlikspieß oder einer Stricknadel einstechen, mit dem Sirup übergießen.

10 Den Kuchen auf eine Platte oder einen großen Teller stürzen. In die Mitte abwechselnd Sahne und Erdbeeren schichten, mit Erdbeeren abschließen.

Toulouse – Leben in Rosarot

Région Midi-Pyrénées (ab 2016 Languedoc-Roussillion-Midi-Pyrénées) – Département Haute-Garonne

SEHENSWERTES in Toulouse

Nach der vorherrschenden Farbe vieler Bauwerke in der Stadt wird Toulouse *la ville rose* (dt. rosarote Stadt) genannt. Und doch war es ein Blau, das die Geschicke der Stadt an der Garonne wesentlich beeinflusste. Die Färberwaidpflanze (auch: Pastel oder Deutsche Indigo), die unter anderem südöstlich von Toulouse angebaut wurde, lieferte in Europa bis ungefähr 1600 den damals einzig bekannten blauen Farbstoff Indigo. Toulouse entwickelte sich zu einem wichtigen Handelszentrum für die Färberpflanze, deren Bedeutung erst abnahm, als Indigo von den Kolonialmächten in großen Mengen aus Übersee importiert wurde.

Place du Capitole im Zentrum von Toulouse

Die Altstadt prägen Herrschaftshäuser aus der Renaissance, als Toulouse dank des Pastel-Handels zu den reichsten Städten Frankreichs gehörte. Sie sind zu einem großen Teil aus Backstein errichtet, der je nach Sonnenstand violett, dunkelrot oder eben rosa erscheint; heller Kalkstein und Marmor bieten reizvolle Kontraste. Das majestätische *Capitole*, heute Sitz von Rathaus und Nationaltheater, begrenzt an einer Seite den *Place du Capitole*, einen wunderbar symmetrischen Platz. Seinen Boden schmückt ein zwölfarmiges sogenanntes Tolosanerkreuz, benannt nach *Tolosa*, dem okzitanischen Namen der Stadt. Okzitanien bezeichnet das romanisch beeinflusste südliche Drittel Frankreichs, in dem neben Französisch auch Okzitanisch gesprochen wird, eine dem Katalanisch verwandte

IN **Toulouse** WIRD GESPIELT IM ...
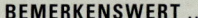

Stade de Toulouse, (vor dem bis Mitte 2015 geplanten Umbau) 33.000 Plätze, eröffnet im Oktober 1937.

NORMALERWEISE IST HIER ZUHAUSE ...

Fabien Barthez

der Toulouse FC, einmal Pokalsieger (1957 noch als Union Sportive Toulouse). Einer der französischen Nationalspieler, die für Toulouse FC aufliefen, ist Fabien Barthez. Er war der Torhüter der Weltmeistermannschaft von 1998 und des Siegerteams der Europameisterschaft von 2000. Bei der gesamten WM 1998 ließ Barthez in sieben Spielen nur zwei Treffer zu (abgesehen von Elfmeterschießen). Zum Vergleich: Selbst beim während der jüngsten Weltmeisterschaft in Brasilien überragenden Manuel Neuer waren es immerhin vier Gegentore.

BEMERKENSWERT ...

Das zur Weltmeisterschaft von 1938 erbaute, nahe der Stadtmitte gelegene Stade de Toulouse wurde früher oft „Mini-Wembley" genannt, weil es seinerzeit der berühmten Londoner Fußballarena ähnelte.

Basilika Saint-Sernin in Toulouse

Ablegen und genießen: mit dem Hausboot auf dem Canal du Midi

Sprache. Weitere berühmte Sakralbauten sind die Pilgerkirche *Saint-Sernin* aus dem 11. Jahrhundert (größte und schönste erhaltene romanische Kirche Frankreichs), das mittelalterliche Jakobinerkonvent (berühmt durch die Gründung des Dominikanerordens und das Grab des heiliggesprochenen Thomas von Aquin), das gotische Augustinerkloster mit herrlichem Kreuzgang und die Kathedrale *Saint-Étienne* mit überraschender stilistischer Vielfalt.

Viele kleine Parks, die Uferpromenaden der Garonne und die sie gemächlich durchfließenden Kanäle tragen bei zum heiteren Charme der Stadt. Die *Pont Neuf*, älteste erhaltene Brücke über die Garonne, spiegelt sich zauberhaft im Wasser des Flusses, das nahegelegene historische Wasserkraftwerk *Bazacle* ist mit einer speziellen Schleuse ausgestattet, damit Fische auf ihrem Weg zum Meer nicht vom Staudamm der Anlage aufgehalten werden.

Der größte Arbeitgeber des modernen Toulouse ist die *Airbus Group*, der Airbus 380 wird hier endmontiert. Bereits im frühen 20. Jahrhundert etablierte sich in der Stadt die Gesellschaft *Aéropostale*, die die ersten französischen Postflüge organisierte. Zu ihren Piloten gehörte Antoine de Saint-Exupéry, Flugpionier und Autor des Buches „Der kleine Prinz".

AUSFLÜGE

Auf einem Hausboot, das man ohne besonderen Führerschein mieten kann, schippert es sich ganz gemütlich auf dem historischen *Canal du Midi* von Toulouse zum Mittelmeer. Den Kanal begleiten Platanenalleen und schattige Radwege; die Reise führt unter steinernen Bogenbrücken hindurch, vorbei an Weinbergen, Zypressenhainen, alten Häfen und mittelalterlichen Städten wie Carcassonne.

die Ausfahrt 17, stößt man bald auf die *Route des Pyrénées*, der man in Richtung Westen folgt, um bei Radsportfans in aller Welt bekannte Pässe wie den Col de Peyresourde, den Col d'Aspin und den Col du Tourmalet zu überqueren. – Bevor man den Col d'Aubisque erreicht, führt ein Abzweig nach Lourdes. Der Überlieferung zufolge wurde hier im Verlauf einer Marienerscheinung eine Quelle in einer Grotte freigelegt, der besondere Heilkräfte zugeschrieben werden. Daher pilgern in der Hoffnung auf Linderung Kranke und Versehrte aus allen Erdteilen in die kleine Stadt.

Festungsanlage von Carcassonne

Pyrenäen-Etappe bei der Tour de France.

Die Gebirgskette der Pyrenäen, die Frankreich von Spanien trennt, erreicht man nach ca. 110 Kilometern auf der Autobahn A64 in südwestlicher Richtung. Nimmt man

Den östlichen Teil der Pyrenäen kann man auf einer außergewöhnlichen Bahnfahrt erleben: Der *petit train jaune* (dt. „kleiner gelber Zug") bringt Reisende in drei Stunden von Villefranche-de-Conflet nach Latour-de-Carol, durch- bzw. überquert dabei unzählige Tunnel, Brücken und Viadukte und bietet ein unvergleichliches Pyrenäen-Panorama (siehe Adressteil).

Midi-Pyrénées ist die größte Region des kontinentalen Frankreich und geprägt von den beiden Gebirgen, die sie begrenzen – den Pyrenäen im Süden und dem Zentralmassiv im Nordosten. Das macht sich auch in der Küche bemerkbar; hinzu kommen die Einflüsse der spanischen Nachbarregionen. Die bäuerliche Kost in den Bergen ist einfach, deftig und kalorienreich. Das klassische *cassoulet*, ein Eintopf aus weißen Bohnen, Geflügel, Fleisch und Wurst, schmeckt besser, je öfter es aufgewärmt wird. Eine weltweit bekannte Spezialität der Region ist der Schafsmilchkäse *Roquefort*. Der echte *Roquefort* reift noch heute in den natürlichen Felsenhöhlen des Mont Combalou in der Gemeinde Roquefort-sur-Soulzon, die die optimalen Bedingungen für die Bildung seines charakteristischen Blauschimmels bieten. Will man traditionelle Gerichte probieren, sollte man nach einer *auberge rurale*, einem Landgasthof, Ausschau halten. – Das Languedoc ist das größte französische Weinbaugebiet und erzeugt vor allem Tafel- und Landweine. *Armagnac*, ein Branntwein aus der gleichnamigen Grafschaft und der Überlieferung nach älter als Cognac, bildet die Grundlage für den *Floc du Gascogne*, einen Aperitif aus Armagnac und Traubensaft.

Dass **Asterix** bei seiner Tour de France in Toulouse war, beweisen deftige Würste aus der Gegend.

Toulouse

Cassoulet

EINTOPF MIT BOHNEN

2 HÄHNCHENKEULEN

300 G SUPPENFLEISCH VOM SCHWEIN, Z.B. RIPPE, NACKEN ODER SCHULTER

100 G RÄUCHERSPECK

300 G KASSLERNACKEN

2 GROBE BRATWÜRSTE (AM BESTEN DIE KRÄFTIG GEWÜRZTE FRANZÖSISCHE MERGUEZ)

3 MÖHREN

4 SCHALOTTEN

2 KNOBLAUCHZEHEN

6 EL PFLANZENFETT (Z. B. BISKIN) ODER SCHMALZ

1 DOSE TOMATEN IN STÜCKEN

250 ML TROCKENER WEISSWEIN

1 GLAS ODER 2 DOSEN WEISSE BOHNEN (CA. 500 G)

1 BOUQUET GARNI (SIEHE LENS: WATERZOÏ)

SALZ, PFEFFER

4 EL BUTTER

4 EL SEMMELBRÖSEL

1 Hähnchenkeulen und Suppenfleisch waschen und trockentupfen. Sofern an dem Speck eine Schwarte ist, diese abschneiden und den Speck in ca. 0,5 cm dicke Streifen schneiden. Kasslernacken in Würfel von ca. 2 cm Kantenlänge schneiden.

2 Möhren putzen und in ca. 0,3 cm dünne Scheiben schneiden. Schalotten schälen und vierteln, Knoblauchzehen schälen.

3 Pflanzenfett in einem Schmortopf auf mittlerer Hitze zerlassen. Den Speck darin ausbraten, bis er beginnt, sich zu bräunen. Mit einer Schöpfkelle aus der Pfanne nehmen und beiseite stellen.

4 Hähnchenkeulen in dem Fett von beiden Seiten anbraten, bis sie leicht braun sind. Aus der Pfanne nehmen, Suppenfleisch ebenfalls von beiden Seiten anbraten und aus der Pfanne nehmen.

5 Zwiebeln und Möhren in dem Fett ca. 5 min schmoren. Knoblauch zugeben, eine weitere Minute schmoren. Tomaten, Wein und das Bouquet garni dazugeben, mit Salz und Pfeffer würzen. Hähnchenkeulen und Suppenfleisch zugeben, Deckel schließen und ca. 1 Stunde auf kleiner Flamme schmoren. Sollte der Eintopf so trocken werden, dass er Gefahr läuft anzubrennen, etwas Brühe (aus Brühwürfeln oder -pulver) angießen. 15 min vor Ende der Kochzeit den Backofen auf 200° C vorheizen.

6 Weiße Bohnen, Kassler und die Würste in den Eintopf geben, 30 min weiterköcheln. Nochmals kräftig abschmecken. Dann in eine feuerfeste Form füllen, 30 min im Ofen backen. Die Butter auf dem Eintopf verteilen, die Semmelbrösel gleichmäßig darüber streuen, weitere 10 min überbacken bzw. so lange, bis die Brösel schön goldbraun sind.

Daube aux cèpes
STEINPILZTOPF

600 G STEINPILZE (AUCH PILZKONSERVEN EIGNEN
   SICH, Z. B. MISCHPILZE IM GLAS)

4 SCHALOTTEN ODER KLEINE ZWIEBELN

150 G WURZELSPECK (ERSATZWEISE GERÄUCHERTER
   BAUCHSPECK)

0,5 L TROCKENER WEISS- ODER ROTWEIN

4 EL PFLANZENFETT (Z. B. BISKIN) ODER SCHMALZ

4 EL SEMMELBRÖSEL

PFEFFER

1 Schalotten schälen und fein hacken. Wurzelspeck in Würfel von 0,5 cm Kantenlänge schneiden. Pilze putzen, in ca. 1 cm dicke Scheiben schneiden.

2 2 EL Pflanzenfett bei mittlerer Hitze schmelzen. Schalotten und Speck zugeben und ca. 5 min dünsten (nicht braun werden lassen). Mit Wein ablöschen und aufkochen, dann Hitze reduzieren.

3 In einer zweiten Pfanne restliches Fett auf großer Flamme erhitzen. Pilze zugeben, ca. 2 min braten, dann zu den Zwiebeln geben. Aufkochen, Hitze reduzieren, ca. 30 min köcheln.

4 Kurz vor Ende der Garzeit Semmelbrösel zugeben, gut durchrühren. Mit Pfeffer kräftig abschmecken und mit dunklem Landbrot servieren.

Boulettes de picoulat
KATALANISCHE FLEISCHBÄLLCHEN

Buletten

1 KG GEMISCHTES HACKFLEISCH (HALB RIND, HALB SCHWEIN)

1 BRÖTCHEN (AM BESTEN VOM VORTAG)

1 GLAS MILCH

1 GROSSE ROTE ZWIEBEL

2 EL FRISCHE PETERSILIE, GEHACKT

6 GESTRICHENE TL SALZ

2 GESTRICHENE TL PFEFFER

6 EL MEHL

NEUTRALES SPEISEÖL ZUM BRATEN (Z. B. RAPSÖL)

Sauce

6 EL OLIVENÖL

60 G GETROCKNETE STEINPILZE

6 KNOBLAUCHZEHEN

3 ROTE ZWIEBELN

2 MÖHREN

2 DOSEN TOMATEN IN STÜCKEN (À 400 G)

100 G GRÜNE OLIVEN OHNE STEIN (LOSE ODER AUS DEM GLAS, KÖNNEN AUCH GEFÜLLT SEIN)

1 STANGE ZIMT

1 TL FÜNF-GEWÜRZ-PULVER*

SALZ, PFEFFER

1 GLAS ODER 2 DOSEN WEISSE BOHNEN (CA. 500 G)

1 Steinpilze in einem Sieb unter fließendem Wasser gründlich abspülen. In eine Schüssel geben, mit kaltem Wasser bedecken und 1 Stunde einweichen lassen. Milch in einem Topf leicht erwärmen, vom Herd nehmen. Brötchen in 1 cm dicke Scheiben schneiden und 30 min in der Milch einweichen.

2 Hackfleisch, Petersilie, Salz und Pfeffer in eine große Schüssel geben. Zwiebel schälen und fein würfeln und zufügen. Brötchenscheiben gut ausdrücken, in sehr kleine Stückchen zerpflücken und zu dem Fleisch geben. Alles mit den Händen gründlich und so lange durcharbeiten, bis eine homogene Masse entstanden ist.

3 Mehl in einen tiefen Teller füllen. Mit feuchten Händen aus dem Fleisch tennisballgroße Klößchen formen und in Mehl wälzen.

4 Den Boden einer Bratpfanne gut mit neutralem Speiseöl bedecken und auf großer Flamme erhitzen. Die Klößchen nach und nach anbraten, so dass sie ringsherum leicht gebräunt sind. Aus der Pfanne nehmen.

5 Für die Sauce das Olivenöl erhitzen und Zwiebeln und Knoblauch darin bei mittlerer Hitze ca. 5 min dünsten. Möhren, Tomaten, Oliven und Gewürze hinzugeben. Mit Salz und Pfeffer kräftig würzen, auf kleiner Flamme 15 min köcheln.

6 Die Bohnen und die Klößchen dazugeben, einmal aufkochen, dann die Hitze wieder reduzieren und auf kleiner Flamme weitere 15 min köcheln.

*Fünf-Gewürz-Pulver kommt ursprünglich aus der asiatischen Küche und enthält gemahlenen Sternanis, Szechuanpfeffer, Zimtpulver, Fenchelsamen und Gewürznelken. Es kann fertig gekauft, aber auch selber hergestellt werden: Einzelne Gewürze kaufen und je gleiche Teile von allen Gewürzen (bis auf das Zimtpulver) in einem Mörser oder einer Küchenmaschine zu feinem Pulver mahlen. Zuletzt den Zimt untermischen.

Autorin

Fotograf

Katrin Roßnick sammelt seit frühester Jugend Kochrezepte aus aller Welt und liebt den Fußball. Beide Leidenschaften hat sie bereits für *Kick and Cook* zusammengeführt, einen Bestseller zur WM 2014. „In meine Kochbücher schaffen es nur Rezepte, die man auch dann nachkochen kann, wenn man kein Küchenprofi ist", so ihr Maßstab. Während der WM 2014 war sie mehrfach im SAT1-Frühstücksfernsehen zu Gast, um dort Gerichte aus *Kick and Cook* live zuzubereiten.

Andreas Keudel, Fotograf aus Hannover, wurde 2009 für seine Foodfotografie für den *Gruner + Jahr photo award* nominiert. „Ich verwende keine Ersatzprodukte, sondern mag es, wenn die Gerichte natürlich bleiben und es auch mal nicht so perfekt ist", sagt er. Außer *Kick and Cook* realisierte er u.a. Kochbuchprojekte mit Sterneköchen und fotografierte für die Zeitschrift *Landhaus Living*.

Die Informationen in *Vive la France* wurden mit größtmöglicher Sorgfalt recherchiert und geprüft und konnten zum Zeitpunkt der Drucklegung als zutreffend angenommen werden. Für die Richtigkeit aller Angaben kann dennoch keine Gewähr übernommen werden.

Besonderer Dank der Autorin an Sylvio und Andreas!

Internet-Adressen

Weitere Informationen mit vielen Tipps, Übernachtungsmöglichkeiten
und nützlichen Adressen finden Sie hier:

Bordeaux:
www.bordeaux-tourismus.de (Deutsch)

Lens:
www.tourisme-lenslievin.fr (Französisch, Englisch)

Lille:
www.lilletourism.com (Französisch, Englisch, Niederländisch)

Lyon:
www.de.lyon-france.com (verschiedene Sprachen, u.a. Deutsch)

Marseille:
www.marseille-tourisme.com (verschiedene Sprachen, u.a. Deutsch)

Nizza:
de.nicetourisme.com (Deutsch)

Paris:
de.parisinfo.com (Deutsch)
www.chateauversailles.fr (Französisch, Englisch)

Saint-Denis
www.visitparisregion.com (Französisch, Englisch)
de.tourisme-en-champagne.com (Deutsch)

Saint-Étiennne:
www.saint-etiennetourisme.com (Französisch, Englisch, Deutsch)
www.parc-naturel-pilat.fr/de (Deutsch)
www.clermont-ferrand-tourisme.de (Deutsch)

Toulouse:
www.toulouse-tourismus.de (Deutsch)
www.tourismus-midi-pyrenees.de (Deutsch)
www.about-france.com/tourism/yellow-train-pyrenees.htm (Englisch)

Impressum

Bibliografische Information der Deutschen Nationalbibliothek:
Die Deutsche Nationalbibliothek verzeichnet diese Publikation
in der Deutschen Nationalbibliografie; detaillierte bibliografische
Daten sind im Internet über http://dnb.d-nb.de abrufbar.

Copyright © 2015 Verlag Die Werkstatt GmbH
Lotzestraße 22a, D-37083 Göttingen
www.werkstatt-verlag.de
Alle Rechte vorbehalten.
Satz und Gestaltung: Verlag Die Werkstatt
Druck und Bindung: Grafisches Centrum Cuno, Calbe

ISBN 978-3-7307-0217-8

Abbildungsnachweis

Die Aufnahmen aller vorgestellten Gerichte stammen von Andreas Keudel, außerdem auch die beiden Porträts auf S. 92.